LA

PROMENADE

UTILE ET RÉCRÉATIVE

DE DEUX PARISIENS

EN CENT SOIXANTE CINQ JOURS.

TOME SECOND.

LA PROMENADE UTILE ET RÉCRÉATIVE DE DEUX PARISIENS EN CENT SOIXANTE CINQ JOURS.

Illis robur & æs ſimplex
Circa pectus fuit, qui &c.

TOME SECOND.

A AVIGNON,
Et ſe trouve
A PARIS,
Chez VENTE, Libraire, au bas de la Montagne Sainte Geneviève.

M. DCC. LXVIII.

LA PROMENADE UTILE ET RÉCRÉATIVE DE DEUX PARISIENS EN CENT SOIXANTE CINQ JOURS.

LETTRE CINQUIEME.

De Rome.

E court ſéjour, ou plutôt l'apparition que nous avions faite précédemment à Rome, nous avoit aſſez alléchés pour que nous deſiraſſions d'y revenir, & d'y reſter un tems aſſez long pour connoître cette Ville un peu mieux. (Il ſeroit d'un

obſervateur de dire, pour connoître cette Ville exactement) mais il faut pour cela un ſéjour bien plus conſidérable que celui qu'il nous étoit permis d'y faire; ainſi, mon cher, paſſez moi le terme s'il vous plaît.

Nos premiers pas ont été dirigés vers la douane pour y ſoumettre nos effets à la viſite, ou plutôt pour y payer les droits. Ce n'eſt pas cependant qu'elle n'ait été par ma faute, plus rigoureuſe que je ne penſois : pluſieurs volumes laiſſés imprudemment dans mon ſac de nuit s'étant rencontrés ſous la main du Commis, il me fut impoſſible de les en retirer. Mes allégations motivées, que ces livres ne ſervoient qu'à m'inſtruire journellement & dans la langue du pays & dans les uſages, & des routes qu'il faut tenir, furent vaines : il allégua de ſon côté contre mes raiſons, ſon devoir qui l'obligeoit d'envoyer ce paquet à l'Inquiſition. Tu peux juger à ce mot d'inquiſition, combien je tremblai. Dans le nombre de mes livres ſe trouvoit malheureuſement un volume du voyage d'Italie par Miſſon, & ce volume est justement celui, où l'Anglois n'est pas des plus respectueux envers l: Potentat à triple Couronne.

Tu sçais que de cet Ecrivain
La plume peu circonspecte
Exerce son stile malin
Sur ce que Rome respecte :
Que les chapelets, les agnus,
Les dispenses, les orémus,
Les miracles, les reliques,
Et tant de saintes pratiques,
Qui du Peuple exercent la foi,
Sont traités de méchant aloi
Par l'Auteur Antipapiste,
Qui veut trop ridiculement
Faire tomber dans le néant,
Tout ce par quoi Rome existe.

Je comptois mon *Misson* infailliblement perdu dans le pays de l'infaillibilité, & ç'eut été pour moi un vrai chagrin, par l'utilité que j'en avois déja retirée & que j'esperois en retirer encore à l'avenir ; cependant soit que le volume dépareillé n'eut point tiré à conséquence, soit que le Commis eut joué lui même le rôle d'inquisiteur pour remplir la forme usitée ; quatre jours après l'on m'a restitué ma petite bibliothèque ambulante que j'ai revue avec la même satisfaction, que j'aurois revu mon fils égaré, de retour.

Notre domicile étoit établi chez un Chevaux-Leger de Sa Sainteté : quoique ce Militaire sacré, François d'origine, fut, je crois, aussi léger d'argent que de titre, sa maison n'en étoit pas moins meublée plus que proprement. Nous fûmes colloqués au second étage composé de quatre piéces dont deux à balcons sur la *Strada del corso*, qui est une des plus belle de la Ville; nous fumes couchés dans des lits de Damas encore frais & honnêtes. Quant au vivre il nous fit la proposition de manger à sa table, nous l'acceptâmes & nous nous en trouvâmes bien. La chere, sans être délicate, étoit bonne, le vin bon, la société d'un gros commerçant de Nantes, & d'un jeune homme Anglois, tous deux pensionnaires de notre hôte, rendit la conversation amusante, & au centre de l'Italie nous ne parlions que la langue Françoise, agrément qui dans le tems me parut grand, & que maintenant je ne regarde que comme un obstacle fatal au progrés que nous desirions de faire dans l'idiôme Italien.

Dès le lendemain de notre arrivée nous avons commencé à arpenter les rues de Rome avec les instrumens naturels que Dieu a bien voulu donner aux hommes, & dont une grande partie par une dépravation inconcevable, regarde l'usage comme honteux, je veux dire que nos jambes faites pour marcher ont été par nous employées à cette destination primitive, sans avoir recours aux boëtes roulantes. Accompagnés suivant la coutume, d'un Ciceroni, nous lui avons bien fait gagner les trois paules dont nous étions convenus avec lui par journée, il nous a bien servi, & nous a fait voir, quoiqu'en assez peu de tems, toutes les choses principalement curieuses de ce territoire. Ce qui me rend perplexe c'est de m'être engagé à te les décrire.

Un Auteur rejette souvent
Son froid, & son peu de talent,

Sur la trop grande séchereſſe
De ſon ſujet : mais avec fondement
Ici, par trop grande richeſſe,
Le Narrateur ne ſçait pas trop comment
Il pourra ſe tirer d'affaire ;
Car, pour réuſſir à te plaire,
Il faut mêler à l'enjoument
La méthode & l'arrangement :
Or, voila juſtement le diable
Dans ce cahos de curioſités.
Ah ! qu'il eſt des difficultés
Que le lecteur peu charitable
Ne péſe point au même poids
Que s'il avait la plume entre les doigts.

Le plus expédient feroit ſans doute de tranſcrire mot pour mot, mon Journal fait ſur les lieux, mais outre que pluſieurs détails peu importans, te fatigueroient à bon droit, les matieres relatives & de même genre ſe trouveroient trop éparſes & pourroient perdre de leur mérite. Voyons s'il me ſera poſſible de parer à cet inconvénient : je ferai du moins tous mes efforts, & j'eſpére que tu me tiendras compte de mon deſir.

Avant d'entrer dans le détail des

Temples, des Palais & de la Ville même, il faut parler de la Fête par excellence, du Prince des Apôtres, & de la Cérémonie assez particuliere du tribut de la haquenée blanche présenté au Saint Pere par le Roi de Naples, ou son représentant.

Or donc, le Mardi 28 Juin nous nous sommes rendus sur les vingt-une heures (stile de Rome) ou sur les cinq heures du soir (stile de Paris) dans la magnifique Place de St. Pierre, que la grande affluence du Peuple n'étoit pas capable de remplir. Après y avoir attendu environ une demi-heure, nous avons vu défiler les Chevaux-Légers de Sa Sainteté, n'ayant qu'un bras fouré dans une des manches de leur casaque, ensuite les Suisses rouges, suivis d'un nombre considérable de gens à calotte & soutane, montés sur des Chevaux vêtus de housses noires. Des Officiers de maison marchoient ensuite, affublés de manteaux noirs, de cravattes, de perruques à marteaux, portant l'épée à leur côté, & montés sur des chevaux de prix. Ceux-ci étoient suivis de Massiers vêtus de manteaux de ſoie noire à revers d'étoffe d'or.

Venait la fameuſe hacquenée blanche (ou cheval blanc) harnachée en velours cramoiſi orné d'argent. Ses pieds étoient ſans fers , & ſes ſabots étoient argentés. Elle étoit accompagnée, même environnée, d'un nombre conſidérable de valets de pied portans des habits galonnés d'une brillante livrée. Ces gens appartenoient au Connétable Colonne , Ambaſſadeur du Roi de Naples : il marchoit immédiatement après, vêtu d'un manteau de velours cramoiſi couvert de brocard d'or , monté ſur un cheval d'une grande beauté , & ſuivi d'une troupe nombreuſe de gens à cravattes portans épée , manteaux , perruques naiſſantes & cheminant à pied.

Pendant cette marche fort lente, le Vicaire puiſſant de Jeſus - Chriſt étoit dans ſon Egliſe, élevé ſur un Thrône derriere le Maître-Autel ; ce Thrône étoit adoſſé à un rideau de damas cramoiſi galonné d'or , tendu en forme de manteau ducal dans toute la largeur de la nef, qui, au moyen de bancs arrangés en quarré, formoit une eſpéce de chœur ; [c'eſt là l'unique façon à Rome de circonſcrire l'eſpace que nous nommons ici le chœur.] On y chantoit alors les Vêpres. Les gens du Connétable ne faiſoient qu'aller & venir pour ſçavoir où en étoit le ſervice Divin & faire quadrer la marche de leur maître avec celle du Pape, qui à la fin de l'Office fut élevé par ſes porteurs, & porté juſqu'auprès des bénitiers de la nef, où il fut deſcendu à raze terre.

Au même inſtant, la hacquenée, le Connétable & tout ſon cortége ſont entrés dans le Temple. Le Connétable s'eſt avancé, a mis un genouil en terre, a débité une courte harangue, qu'il m'a été impoſſible d'entendre aſſez pour la traduire, & a baiſé la pantouffle [ce que je n'ai pu voir] Sa Sainteté a lû dans un livre ſa réponſe en acceptation de la hacquenée, & en ſus d'une cedule de douze mille écus romains * contenue

* 7000 Ducats.

dans le calice d'une tulippe d'argent à longues feuilles tremblantes qu'un Ecuyer tenoit sur la selle du cheval; a donné sa bénédiction, & chacun après cette cérémonie, a tiré de son côté; l'un sans doute fort content d'être quitte d'une corvée aussi désagréable, & l'autre encore plus satisfait & de la rétribution sonnante des douze mille écus, & de l'humiliation du Vassal.

Car j'aurai toujours peine à croire
(N'en déplaise à la Papauté)
Qu'un petit grain de vaine gloire,
A l'instant ne soit point enté
Dans le cœur de notre Saint Père.
Le Diable, on le sçait, bien malin,
Fait toujours la petite guerre;
Pour lui quel prétieux butin
Qu'une âme ayant porté Thiarre!
Aussi pour un morceau si rare
Employe-t-il tout son latin;
Et des griffes de ce lutin,
Tout Etre portant Diadême,
Ne peut se garantir sans un bonheur extrême.

La hacquenée si bien vêtue en arrivant, s'en est retournée dépouillée suivant l'usage. L'Ecuyer de Sa Sainteté a droit de se saisir & des habillemens, & de la monture; ce droit se rachete pour une somme d'argent convenue; il rend en conséquence le cheval & la housse complette, qui servent d'année en année à la même cérémonie.

Ce ne fut pas là le seul amusement que nous fournit cette soirée : Saint Pierre jouit la bas à l'exclusion de Saint Jean, du droit qu'en France nous avons accordé à ce dernier, de voir consommer en son honneur, du salpêtre comprimé. Les réjouissances pour la Fête du Chef Apôtre ont commencé par une illumination complette du dôme de son Eglise, dont le dessein représentoit une thiarre ornée de diamans. L'éclat de cette illumination étoit doux & a duré tel jusqu'à minuit, mais alors, en un instant, elle a augmenté considérablement de force, & a jetté le reste de la nuit une lumiere des plus vives, sans qu'on se soit apperçu de la façon dont s'opére ce petit mistère.

A une heure de nuit environ, c'est-à-dire vers les neuf heures &

demie, quelques boëtes par intervales ont annoncé par leur bruit que le feu d'artifice alloit bien-tôt être tiré. Ce feu est construit sur la plate forme du Château Saint Ange, & cette élévation le rend visible à tout le peuple. Nous nous étions placés à l'extrémité opposée du pont Saint Ange, en face du Château, & nous étions élevés sur un échaffaut bien couvert, où nous n'avions à redouter ni la poix résine, ni les baguettes des fusées.

Le premier objet de notre surprise fut la girandole, ou bouquet composé, à ce qu'on assure, de dix mille fusées brillantes, qui s'élançant toutes à la fois dans l'air, répandent une clarté merveilleuse. Ce bouquet est suivi de soleils changeans plusieurs fois de couleur, de gerbes qui dessinent des tableaux variés à plusieurs reprises, de cometes, de serpentaux montans & descendans dans l'air d'une façon ingénieuse. Rien n'est si précis que l'exécution des différentes parties de ces feux, toute une façade d'illumination s'allume en un clin d'œil, le vacarme des pétards eſt terrible, & le feu dure fort long-tems ſans interruption; tout finit par une girandole au moins auſſi garnie que la premiere.

Le contour ſupérieur du Château imite une couronne brillante d'un feu artificiel très-blanc & très-flatteur; d'un côté la figure *di San Pietro*, & de l'autre l'écuſſon des armoiries *della ſua Santita* ſont deſſinées en illumination de feu artificiel pareil, & forment un coup-d'œil des plus agréable.

Je ne peux diſconvenir que Paris ne ſoit de beaucoup inférieur à Rome en cette partie, mais il nous eſt bien permis de ne pas manger tout notre bien en fumée; nous n'en conſommons déja que trop en mille bagatelles futiles. On prétend que cette Fête Romaine ne coûte que cinq cent écus Romains; ſi cela eſt, je trouve qu'une dépenſe de près de trente mille livres eſt honnête pour cette ſoirée, vû qu'il n'y a pas de frais de décorations peintes.

Nous ſommes revenus à notre domicile, fort ſatisfaits de notre après-midi. Ceux à qui ce plaiſir aura coûté quelque perruque, quelque habit, ou quelque bras, peut-être même un œil, n'auront pas été ſi contens. Ces fuſées ſi belles portent ſouvent le deuil avec elles, & ſément des pelottons de ſouffre allumé, dont le contact eſt dangereux, mais de tout tems le démon de la curioſité a mis en fuite la prudence.

Le lendemain nous ne tînmes pas au lit, & par le faux avis de gens mal informés des choſes les plus connues dans leur Ville, nous étions dès ſept heures & demie du matin dans l'Egliſe de Saint Pierre, où nous euſſions bien fait de ne nous rendre qu'à neuf. Au reſte il y a dans ce Temple tant de choſes admirables, que l'on ne peut regretter le tems que l'on y paſſe. Nous ſommes deſcendus dans l'Egliſe ſouterraine, ou dans une Chapelle revêtue de marbre, eſt conſervée une petite Châſſe de vermeil qui recéle les os prétieux des deux grands Apôtres Pierre & Paul. Au devant pend une lampe d'or, qui quoique de prix, nous a paru fort inferieure à celle de la Madône de Lorrette.

Notre viſite rendue aux reſtes ſacrés des deux Saints, nous ſommes remontés pour aller admirer tout à notre aiſe le célebre Michel Ange dans ſes compoſitions vigoureuſes de la Chapelle du Pape Sixte-Quint. Le fameux morceau du jugement dernier peint par ce grand homme, eſt ſi connu, que c'eſt t'en dire aſſez que de le nommer; auſſi n'eſt-ce pas ſans peine que nous avons quitté ces beautés ſublimes pour en aller voir d'un genre bien inférieur. L'on nous a conduit dans la chambre où l'on préparoit les ornemens Pontificaux du Vicaire de Jéſus-Chriſt qui devoit célebrer la Meſſe *in Magnis*. Cinq ou ſix thiarres, plus riches les unes que les autres, ſe ſont offertes à notre vue.

L'Emeraude au verd éclattant.
Le rubis & le diamant,
Et le ſaphir, & la topaze,
Le brocard qui leur ſert de baze,
Eblouirent long-tems nos yeux:
Nous admirâmes en ſilence
La pompeuſe magnificence
De tant de tréſors radieux:

Et la ſimplicité de Pierre
Ne nous parut qu'une miſére,
Bonne en ces ſiécles indigens,
Où la ruſticité des gens
Ne jugeoit du Chef de l'Egliſe,
Que ſur ſa foi, ſur ſes vertus;
Dédaignant comme ſuperflus,
Ces grands riens qu'aujourd'hui l'on priſe.

Vers les dix heures, nous ſommes deſcendus dans le Temple, pour y prendre des places d'où nous puſſions commodément voir les cérémonies de la Meſſe, où devoit officier le Souverain Pontife. Elle en devois ſe faire dans la même enceinte où les Vépres avoient été chantées la veille. Les longs bancs à doſſiers qui ſervoient à former cette enceinte, ſervoient en outre à porter tous les Chefs d'ordre & les gros bonnets de la gent enfroquée. Ils nous ſervirent par l'événement, d'appui pour nos coudes, qui avec ce ſecours ſoutenoient le reſte de notre corps fort fatigué à la longue, car il nous falut être debout pendant toute la cérémonie qui ne fut pas courte. Sur un premier rang de bancs au dedans de ladite enceinte, étoient assis vingt-six Cardinaux vêtus d'une espéce de soutane large, ceinte au milieu du corps, l'étoffe en étoit de soie cramoisie brodée en or, en dessous étoit une aube garnie sur les manches & par le bas, des dentelles les plus larges & les mieux ouvrées. Sur les marches ou gradins du Thrône Papal étoient assis peu commodement en grand nombre les Evêques soit ordinaires & *in partibus*, soit Grècs, & à leurs pieds étoient les Clercs & les Monsignors dont j'ai eu lieu de parler précédemment.

En face du Thrône, étoit assis, de côté, sur un fauteuil ployant, le Cardinal Doyen du sacré Collége: on prétend à Rome que le St. Esprit l'avoit désigné trop précipitemment pour Successeur de St. Pierre, & que la France n'étant pas de cet avis, la Colombe Divine a bien voulu nommer, pour le mieux, Sa Sainteté Rezzonico, qui occupe effectivement le siége. C'est un bruit populaire que je n'ai garde de croire fondé sur des faits, mais peut-on empêcher le Peuple de faire des pasquinades ?

Un carreau destiné pour agenouiller Sa Sainteté, & posé devant un ployant, occupoit le milieu de la place. A droite de l'enceinte étoit un second Thrône plus petit que l'autre, sur lequel le Pape s'est fait revêtir de ses habits Pontificaux, & où avant le Saint Sacrifice, les Cardinaux & les Evêques se sont rendus pour lui baiser, les premiers, la main, & les derniers, le pied.

La toillette du Saint Pere a été fort longue par la quantité de vêtemens qu'on lui a passés pardessus la tête. Le *pallium*, ou espéce de manteau blanc est le dernier vêtement qui se met sur tous les autres. La coëffure de Sa Sainteté en arrivant & en sortant étoit une thiarre, mais pendant la Messe il ne portoit qu'une mître d'étoffe d'or, que deux Cardinaux assis à ses côtés étoient souvent occupés à ôter & à remetre, suivant l'exigence du Rit.

Quoique Sa Sainteté fut censée dire la Messe, Elle n'a cependant monté à l'Autel que pour les fonctions principales, & alors elle étoit environnée d'une trentaine de Clercs. Le reste de la Messe a été dit par le jeune Cardinal Corsini. Pour accorder en même tems le Rit Latin & le Rit Grèc, l'Epitre, l'Evangile & la Communion ont été dits par deux Accolytes Grècs, qui pendant les autres momens se tenoient assis sur les marches de l'Autel.

Le Pape est resté sur son Thrône en face de l'Autel lors de la Communion, il y a reçu debout; l'Hostie Sainte, après quoi l'officiant Grec lui a présenté le Calice, & Sa Sainteté a pompé du précieux sang avec un chalumeau d'argent, puis a pris le Calice ordinaire pour l'ablution. Le lavement des mains s'est répété plusieurs fois, le bassin étoit porté par différens Officiers de la maison, vêtus les uns d'un manteau noir, les autres d'une casaque jaune, mais tous affublés d'une écharpe de soie blanche passant derriere le col & sur les épaules, & revenant couvrir le bassin. Avant de commencer la Messe un des Officians s'est prosterné aux genoux du Pape qui pour lors siégeoit sur son petit Thrône : on a étendu sur sa tête le bas du surplis & l'étolle de Sa Sainteté, qui a dit un orémus, & donné sa bénédiction au prosterné qui s'est retiré ensuite, je n'ai pu sçavoir l'objet de cette cérémonie.

Si ces choses extraordinaires nous occupoient, nous ne l'étions pas moins par le sentiment intime de notre lassitude, & parce que nous étions debout, & parce que l'abondance du Peuple nous étouffoit, malgré les Cent-Suisses qui défendent l'enceinte.

La soirée a été animée par les mêmes réjouissances que la veille, il y eut illumination du dôme & feu d'artifice. Ces deux mêmes jours le Connétable Colonne a régalé le Peuple, dans la place Farnèze, d'un feu d'artifice, dont les décorations chaque fois variées, & singulieres en ce qu'elles représentoient des figures humaines comme agissant, nous ont fait un vrai plaisir. Quant à l'artifice, il eut été imprudent à nous, n'ayant point de place dans le Palais, ou dans une maiſon voiſine, d'en vouloir être les ſpectateurs, à moins de conſentir à nous y faire eſtropier, comme il arrive à bien d'autres, par le peu d'eſpace du terrain & la violence des pétards.

Car, en fait de badauderie,
Ne penſe pas que du Romain,
L'eſpéce un peu plus réfléchie
Jamais céde au Pariſien:
Partout la plus mince fadaiſe
Fait mouvoir toute une Cité;
Etre en péril, mal à ſon aiſe,
Rien n'affaiblit la curioſité.

Nous n'étions pas venus à Rome pour n'y voir que des fuſées & des pétards: tant de choſes plus curieuſes ornent ce pays que nous aſpirions ardemment à les connoître, mais le nombre nous effrayoit au point que nous ne ſçavions auxquelles dabord nous donnerions la préference: cependant nous ſuivîmes par réflexion le même plan que nous nous étions tracé avec ſuccès à Naples, & nous nous déterminâmes à errer aux environs, pour finir par les beautés contenues dans l'intérieur de la Ville : cette marche ne feroit pas du goût de bien des gens,

Quelque Cenfeur pourra dabord
Taxer de chofe finguliére
Une telle façon de faire;
Mais ledit Cenfeur aura tort.
Quand ce Docteur que je méprife,
Du beau fentant fon âme éprife,
Dans le Romain pays ira,
Qu'après quatre pas il fuera
Jufqu'à trapercer fa chemife,
Par l'expérience il verra,
Qu'il eft bon dans ce pays là,
De profiter & fans remife,
Du tems où Meffer Apollon,
Du feu de fa jaune criniére,
Ne defféche point trop la terre,
Et fe montre encore affez bon
Pour ne pas cuire à fond le crâne
Du voyageur trop curieux :
Au Cenfeur donc qui n'eft qu'un âne,
Il eft prouvé que nous faifions au mieux.

Mais reprenons le fil de notre hiftoire; la maifon de plaifance de Sa Sainteté a été l'objet premier vers lequel nous avons dirigé nos pas.

Caſtel Gandolf eſt ſon nom, ainſi que tout le monde ſçait.

Sur les deux heures du matin nos deux individus à moitié dormans furent colloqués dans un équipage *d'affitto*, c'eſt-à-dire de louage, preſque tout à jour ſuivant la mode du pays, dans cette ſaiſon. Malgré les cahos aſſez fréquens, & les déſenſes de s'abandonner au ſommeil dans la campagne de Rome, nos yeux appeſantis nous refuſérent pluſieurs fois le ſervice, & s'obſtinérent à fermer leurs auvents, mais il ne nous en advint aucun mal.

Notre Ciceroni embarqué avec nous, nous fit remarquer ſur la route quatre petites Villes, Albano, Laricci, Lavini, & Genſano, qui célébres jadis, ne ſont aujourd'hui que des bicoques, ſans en excepter la premiere, Albe, qui tint long-tems tête aux Romains. Sur le chemin de ladite Ville eſt le tombeau du Seigneur Aſcagne ; du moins nous a-t-on donné pour tel, une maſſe pointue de bâtiſſe, qui n'a aucune forme actuelle. Un peu plus loin on voit celui des Horaces, qui n'eſt guéres en meilleur état ; une masse quarrée sur laquelle s'élevent trois espéces de pyramides rondes & le trognon d'une quatriéme, restes de cinq, le tout en mauvais ordre, est aujourd'hui le témoignage bien affoibli de la générosité de ces valeureux citoyens. Ce tombeau doit, il me semble, être appellé celui des Horaces & des Curiaces, puisqu'on y voit les restes de cinq pyramides qui prouvent que les uns & les autres y ont été mis. *Doctores judicent.* Si j'avais la mémoire plus fidèle, ou moins de paresse, mon histoire Romaine décideroit la question, mais je m'en rapporterai à toi sur le point d'érudition.

La petite Ville de Laricci posséde une Eglise en rotonde fort jolie. Elle est du Cavalier Bernin.

A Gensano l'on va voir la Ville Césari qui n'a rien de remarquable qu'une étoile de quatre allées assez longues toutes de chênes verds, ce qui en France ne mériteroit pas un tour de roue de plus. Castel Gandolf nous a fourni plus d'objets dignes de notre attention. L'Eglise a une coupole

pole du Bernin assez belle, & une paire de bons tableaux. L'antiquaire du lieu nous a conduit dans un jardin de particulier, où nous avons vû cinq grands souterrains voûtés, dont les murs mitoyens sont échancrés par de basses arcades; plus une espèce d'amphithéâtre antique, ou du moins des voûtes bâties sur un plan circulaire, & paroissant avoir un centre commun; mais le Docteur n'a pas eu l'esprit de donner à ce morceau un nom respectable, de son imagination, ce qui ne nous a pas peu étonnés.

La *Villa* Barbérini renferme beaucoup de ruines antiques qui n'ont plus rien d'articulé, le jardin est vaste & bien planté, on y voit une longue terrasse antique & voûtée qui subsiste malgré la grosseur singuliere des racines d'arbres qui se sont fait jour à travers les pierres. La piéce la plus curieuse qui s'est offerte à notre vue, est un Cardinal se promenant un bréviaire à la main.

Le Lac de Castel Gandolf qui ne m'a pas semblé si grand que le fait Cochin dans son voyage d'Italie, n'en eſt pas moins agréable par la limpidité de ſes eaux, & par l'ombrage de ſes bords qui invitent le voyageur à s'y repoſer, ce que nous avons fait avec un plaiſir inexprimable.

La faim, la ſoif, & la chaleur
Avaient tant affaibli notre être
Que force était, & de repaître,
Et de fêter cette liqueur,
Qui redonne vie & courage.
Nous déployâmes ſous l'ombrage,
Le vin, la chair, le Parmeſan;
L'on crouſtilla très-fortement,
La langue fut ſouvent mouillée:
Après quoi dans l'onde perlée,
L'un alla chercher la fraicheur,
L'autre étendu ſur la verdure,
Reſſentit bientôt la faveur
De ce Dieu, qui ſur la nature
Jette, de ſon bras nonchalant,
Un utile engourdiſſement.

Nos momens étoient trop juſtes pour nous livrer long-tems à cette ſalutaire oiſiveté. Nous ſecouâmes bientôt les pavôts, & nous cotoyâmes le Lac pendant un long eſpace pour joindre l'endroit creuſé ſous la montagne, qui ſert de décharge aux eaux, & pour visiter en même tems quelques petits Temples souterrains peu curieux, qui sont sur les bords.

Ce ne fut pas petite besogne que de remonter pour nous remettre au niveau du sol de la maison de plaisance de Sa Sainteté. Le principal mérite de ce bâtiment vient de sa position heureuse, dominant d'un côté sur le Lac, & de l'autre sur une vaste campagne terminée par la mer. Des murailles peintes à fresque, un lit & des fauteuils de damas cramoisi, des tabourets de bois peint sans nombre, des tableaux médiocres, voilà l'inventaire du dedans de ce petit Palais, cet ameublement peu fastueux nous a édifié.

Si cette journée a été fatiguante, elle ne nous a point paru longue, & le lendemain nous avons entrepris encore davantage. Tivoly a été le but de notre course. L'on fait tant de récits flatteurs de cette cascade, aux Etrangers, qu'ils ne peuvent se dispenser d'aller en juger par eux mêmes. Effectivement elle doit paroître admirable à ceux qui n'ont pas vu celle de Terni. Elles sont l'une & l'autre formées par la chûte d'une riviere entiere, mais il s'en faut bien que la hauteur perpendiculaire de la chûte à l'arcade de Tivoly approche de celle de Terni; elle a au reste d'autres beautés qui lui sont propres, sa largeur, les accidens voisins, la verdure qui l'environne, la rendent plus riante que celle de Terni. La poudre d'eau qu'elle lance ne laisse pas d'aller chercher très-haut le visage des curieux pour les rafraichir. Cette espéce de bain nous faisoit d'autant plus de plaisir que la chaleur de cette journée étoit des plus violentes. Dès dix heures du matin nous n'en pouvions déja plus.

Ce fut bien pis lorsqu'il fallut aller voir les cascatelles, ou petites cascades, formées plus loin par la séparation des eaux de la premiere & par d'autres qui s'y joignent.

Pour jouir du véritable point de vue, il convient d'être en face, & pour se rendre à ce point, il nous falloit décrire un circuit sans fin sur le penchant de la montagne opposée, c'est ce trajet que nous fîmes avec un courage héroïque quoiqu'exposés aux traits les plus redoutables du Dieu porte lumiere. Nous n'eumes point à nous repentir d'avoir poussé jusques-là : ces cascatelles semblables à plusieurs ruisseaux d'argent, roulent sur le penchant d'un côteau, & tantôt se dérobent sous la verdure & les fleurs, tantôt reparoissent plus brillantes. Toute cette montagne est d'ailleurs garnie de fabriques * élégantes, & de ruines précieuses par leurs anciens possesseurs. Notre Docteur nous désigna l'emplacement des jardins du respestable Mécenas, que nous regardâmes assez rapidement, pour chercher promptement quelque azile contre le chaud. Il nous falut revenir long-tems sur nos pas : enfin nous apperçumes une petite source ombragée par un gros figuier, & nous jugeâmes plus à-propos de fixer notre halte en cet endroit, que d'en chercher, peut-être en vain, un meilleur.

---

* Bâtimens.

Sur le champ, ſans nous mettre en peine,
Si la Nymphe de ce boſquet
Etait complaiſante , ou hautaine ;
Chacun de nous prit ſon bonnet,
Quitta ſa fauſſe chevelure ,
Fit étendre ſur la verdure
Son linge de ſueur fumant ,
Et but un coup, en attendant
Que l'humidité concentrée
Fut par le chaud évaporée.

Qui dit boire un coup, dit ſans difficulté en boire deux, & trois, & plus ſi le cas le requiert, auſſi ne les comptâmes nous pas, nous travaillâmes en même tems de grand cœur à la deſtruction de certains petits cadavres appétiſſans, cuits de la veille, qui n'eurent pas beſoin de ſauſſe, la fraicheur de l'onde claire communiquée à notre vin nous rendit à la vie, & bientôt la fatigue fut oubliée. Nous ne pûmes nous défendre de ſacrifier à Morphée, nos habits étendus ſur des pierres nous ſervoient de matelats ſans grands frais, quelques inſtans de repos nous mîrent en état de regagner Tivoly. Le Temple de la Sybille Tiburtine, par ſa jolie forme ronde ceinte au pourtour extérieur de colonnes ſveltes & élegantes, nous fit faire une ſtation chaude, mais agréable.

La *Villa* d'Eſt nous coûta bien des pas & de la ſueur, cependant nous ne pouvions nous en repentir; ce Palais de campagne eſt, ou pour mieux dire, étoit d'un très-bon goût & pour l'architecture, & pour les jardins, & pour les eaux. Maintenant tout eſt dans un état de délâbrement qui fait peine, mais ces reſtes tronqués annoncent encore la prodigieuſe dépenſe que le miniſtre a faite. La petite Rome bâtie par imitation, la caſcade en riviere, la gerbe imitant le bruit de l'artillerie, le boſquet de Cyprès, la longue allée ornée de baſſins & petits jets contigus avec bas-reliefs de marbre, la piéce d'eau appellée l'Antre de la Sybille, toutes ces choſes dont il me ſeroit impoſſible de te donner le détail exact, étoient ſingulierement bien compoſées, & ne laiſſent pas de faire encore quelque plaiſir.

A une lieue environ de Tivòli, on voit la *Villa* Adrienne; elle n'a rien de comparable à la précédente, du moins quant à préſent. On n'y trouve plus que les veſtiges de bâtimens immenſes, d'arcs, de voûtes, de colonnes uſées, beaucoup de Cyprès formant ce que nous nommons Charmilles. Quelques pas plus loin en ſe rapprochant de Rome, eſt une groſſe tour de pierre, en très-bon état, portant une inſcription ſur marbre blanc, que j'ai oublié ainſi que le nom de celui, ou celle dont ce tombeau renferme les os, tu pourras t'en inſtruire dans des voyageurs plus exacts; ce que je n'ai point oublié c'eſt la fétide odeur de ſouphre que diſtribue aux environs une eſpéce de petit Lac portant des ilottes flottantes, l'écoulement qui en ſort empeſte tout ce côté de la campagne de Rome.

Le lendemain nous nous fîmes conduire d'un autre côté, à la *Villa* Pamphile recommandable par ſa poſition où l'on jouit d'un coup-d'œil complet & ſur le Vatican & ſur Rome & ſur les campagnes. Les jardins en ſont beaux, ornés de caſcades, de grottes, de ſtatues hydrauliques jouant des inſtrumens, les appartemens ſont peu magnifiques, l'on y trouve encore quelques tableaux & ſtatues, mais les chefs-d'œuvres les plus précieux en ont été tranſportés dans la Capitale. Ce qui nous a paru remarquable, c'eſt la façade du bâtiment qui n'eſt quaſi compoſée que de bas-reliefs antiques incruſtés & ſcellés dans les murailles.

Si tu n'es pas fatigué, je te conduirai tout de ſuite à la *Villa* Albani, où nous arrivâmes quant à nous extrêmement las. Cette maiſon de plaiſance pourroit preſque être appellée un petit Verſailles. A peine vient elle d'être achevée de conſtruire par un maître aſſez vieux, qui malgré le peu de portée de ſa vue, n'en aime pas moins le beau & la dépenſe. Ce maître eſt un des gonds ſacrés de l'Egliſe Romaine, de la famille des Albani. Portes de bois précieux de différentes couleurs, parquet d'un goût exquis, paneaux en moſaïque, paneaux de porphire, ſur leſquels ſont attachés des bras dorés d'or moulu, chambranles de marbre rares aux portes, vases immenses aussi de marbres les plus estimés, niches de glaces garnies de statues antiques, colonnes de porphire à pied'estaux & chapitaux dorés d'or moulu, fontaines ornées de statues antiques, jardin artistement planté, décoré de rocailles, de berceaux d'orangers, d'une colonnade à l'extrémité du parterre; cette colonnade toute garnie dans son promenoir, de bustes antiques, & au milieu, d'une statue Egyptienne de grandeur naturelle en agathe;

Tout enfin, dans cette maison,
Prouve le goût & l'oppulence;
Le maître en est affable & bon,
Malgré le rang de l'éminence.
Les Etrangers sont bien reçus,
S'ils montrent un minois qui vaille,
Mais le goût pour vos carolus
Est bien vif chez la Valetaille.

Encore un tour de roue, & te voilà à la *Villa* Borghèse. Les jardins en sont immensément vastes, très-agréables, & ouverts au Public ainsi que ceux de la *Villa* Médicis dont je parlerai en son lieu. Le bâtiment n'a rien de magnifique; les murailles ſe font remarquer par les bas-reliefs antiques qu'elles ſoutiennent à l'inſtar de la *Villa* Pamphile. De ces morceaux le plus étonnant eſt celui de Curtius ſe précipitant avec ſon cheval dans un gouffre pour le ſalut de ſa patrie; c'eſt plutôt un grouppe de ronde boſſe qu'un bas-relief, & l'on a beaucoup de peine à comprendre, comment il peut être fixé aſſez invariablement ſans ſe rompre & ſans même entraîner une partie du mur qui le ſoutient. Les appartemens ſont meublés de ſtatues antiques & modernes : les plus renommées des premieres, ſont l'Hermaphrodite dormant, le Gladiateur allant combattre, Senéque dans le bain de mort (en marbre noir) une Bacchanale d'enfans de pierre de touche ſur un fond de lapis. Ces beaux morceaux n'ont point diminué à nos yeux le mérite de quelques autres entre les modernes : tels ſont Anchiſe porté ſur les épaules de ſon fils, David prêt à lancer ſa fronde, Apollon ſuivant Daphné qui ſe change en laurier. Ces trois ſujets ſont du ciſeau de l'illuſtre *Ca-*

vagliere Bernino. Je ſerois tenté de croire qu'une cinquantaine d'années d'humidité, & d'enfouiſſement en terre, feroient de ces morceaux des chefs-d'œuvres Grecs.

Finiſſons par la *Villa* Médicis, qui tient à Rome, & eſt ſituée auprès de la Trinité du Mont. Ses jardins ſont agréables ſans être vaſtes; un petit Belveder en labyrinthe, dans le goût de celui du jardin Royal des Plantes de Paris, procure à ceux qui ne craignent point la fatigue, une vue très-ſatisfaiſante ſur toute la Cité Sainte. Des bas-reliefs ne manquent point ſur les murs à l'extérieur; les appartemens au dedans, offrent aux amateurs, le moyen de paſſer des heures agréables, par le nombre des choſes de prix qu'ils contiennent.

On y voit la Vénus accroupie, pluſieurs enfans de Niobé percés des fléches d'Apollon, l'Apollon dit Médicis, le Satyre Marſias attaché à un arbre, Pan montrant à jouer de la flute à Apollon, deux Bacchus Grecs, un beau Ganyméde & bien d'autres. Au milieu de cette belle collection j'ai été frappé d'un petit Mercure en bronze, volant & ayant un talon posé sur le souffle d'un vent, cette petite statue sans être d'origine Grecque, n'en est pas moins charmante, & remplit dignement la place qu'on lui a assignée dans la galerie. Les curiosités d'un autre genre sont un vase antique orné de bas-reliefs, deux colonnes de Jaspe hautes de neuf pieds environ, une table de rapport en agathe, lapis, pierre transparente de Calcédoine à travers de laquelle on voit comme sous glace des desseins d'architecture du fameux Michel-Ange. Je ne prétends pas écrire un catalogue complet de raretés, ainsi en voilà suffisamment pour donner une idée des richesses, que possédent les Princes Romains, relatives aux arts.

Ce ne sont pas là, sans doute, toutes les maisons de plaisance dignes d'être visitées, mais n'en ayant point vû davantage, j'ai une raison très-valable pour n'en point parler, je vais, en conséquence, te ramener dans la Ville même où les belles choses ne sont pas répandues avec moins d'abondance.

Le Campo Vaccino est le lieu qui

en renferme le plus. Beaucoup de Temples de Dieux & Déeſſes menaçent à la vérité d'écraſer les regardans ſous les reſtes délabrés de leur ancienne ſplendeur ; mais cependant on ne peut ſe diſpenſer de s'arréter pour y remarquer quelques traits de la beauté de leur jeuneſſe, qui y brillent encore. Ceux que j'ai vûs ſont les débris du Temple du Soleil & de la Lune, les reſtes du Théâtre de Marcellus, ceux du Palais de ce coquin de Pilâte cité au Livre Saint, l'Arc de Veſpaſien diſtribué en trois ouvertures ceintrées dont les deux petites qui accompagnent la principale, ſe trouvent aujourd'hui preſque bouchées par l'exhauſement ſucceſſif du terrain en cet endroit. L'Arc de Conſtantin eſt un des plus beaux morceaux & des plus conſervés. Mais ce qui m'a rendu ſtupéfait, c'eſt l'aſpect de cet ancien amphithéâtre nommé Colliſée, où les Romains jouiſſoient du plaiſir barbare de faire couler le ſang humain & d'expoſer la vie de leurs ſemblables à la voracité des bêtes féroces. J'avoue que tous les deſſeins de cet Edifice que j'avois vûs à Paris, ne m'en avoient donné qu'une idée très ſuperficielle, & qu'un bâtiment ſi conſidérable ne peut être ſuppléé dans l'imagination par un ſimple plan, auſſi la préſence de l'objet m'a-t-elle fait une ſenſation toute nouvelle.

Oui, de cet Edifice immenſe,
L'eſprit ne peut ſe faire un plan;
Des Romains la magnificence,
Et l'induſtrie, & l'opulence,
S'annonçent en ce bâtiment;
Tout eſt chef-d'œuvre ſurprenant
Du marbre les maſſes énormes,
De pluſieurs voûtes uniformes,
Preſſent les arcs multipliés,
Et les yeux en ſont effrayés.
D'autres voûtes en ſens contraire,
Forment d'immenſes ſouterrains,
Où régne une foible lumiere.
C'eſt là que ces puiſſans Romains,
Au cœur noble, mais trop barbare,
Nourriſſaient les tigres cruels,
Qui, d'un combat affreux, bizarre,
Leur procuroient les plaiſirs criminels.
Des canaux, ſans nombre, d'eau vive
Serpentent pour la propreté;

Partout la prévoyance active
Exerce sa sagacité.
La plus nombreuse populace
Y trouve son rang & sa place
Sans trouble & sans confusion;
Par mille routes ménagées
De ce Peuple amusé les ondes dégagées
Font une libre effusion.

Ce tableau n'est que très-imparfait assurément; mais il faudroit & trop de tems, & plus de talent pour l'achever; ce que je puis dire de plus énergique, c'est qu'au premier aspect de cet ouvrage, je n'ai pû m'empêcher de rappeller sur le champ dans mon esprit l'idée de la tour de Babel.

Dans une autre partie de la Ville sont les vestiges d'un ouvrage qui devoit aussi être immense; ce sont les bains bâtis par Caracalla. Les restes en sont peu curieux, mais annonçent encore la grandeur des murailles, des voûtes & du terrain qui y étoit circonscrit. On dit que ces bains étoient capables de contenir dix-huit mille Romains à la fois. A quelque distance de cet endroit se voit une pyramide ſépulchrale qui ne le diſpute pas à beaucoup près pour la hauteur & la circonférence aux pyramides Egyptiennes, mais qui eſt encore ſi ſaine que le vif de ſes angles nous a ſurpris; elle avoit été élevée pour le ſieur Caïus Sextius, ſelon la tradition publique. Non loin de cette pyramide eſt une groſſe tour de marbre, qui n'a rien de rompu ni d'écorné par les injures du tems, ce fut le tombeau d'une Dame Metella. Les fondemens ſe trouvent à la vérité un peu découverts, ce qui m'a donné lieu de remarquer qu'ils ſont compoſés de cinq aſſiſes de mortier fait avec cette terre rouge renommée dans le pays pour ſa ſolidité, & que l'on appelle Pozzolane, dans ces couches de mortier ſont repandues des rognures de pierres de marbre, outre ce, l'on voit de diſtance en diſtance de gros cubes de même piere, poſés ſeuls ſans aucun aſſemblage quelconque: cette méthode de bâtir nous a paru ſinguliere, il eſt évident cependant par la conſervation de ce monument, qu'elle n'eſt le produit que d'un calcul très réfléchi de la part de l'architecte. Les murs de la tour quant au centre sont composés du même mortier & sont revêtus de marbre au pourtour extérieur, & de brique à l'intérieur, mais ces briques, par un art qui nous est inconnu, sont si exactement jointes, qu'il seroit impossible d'y introduire la lame d'un couteau la plus mince. Cette façon d'assembler & la brique & le marbre est un caractère distinctif dans presque tous les Edifices des Romains; notre Nation est probablement trop impatiente pour se donner tant de peine.

Je crois ne t'avoir point parlé du Temple de Bacchus, aujourd'hui nommé Chapelle de Sainte Constance. Ce morceau est des mieux conservés: sa forme est ronde, une colonnade composée de vingt-quatre colonnes de granite groupées deux à deux tendantes au centre, forme un second cercle rentré qui soutient une voûte apuyée contre la premiere muraille: cette petite voûte est travaillée en mosaïque; dans ce Temple se voit un tombeau de pierres de porphyre orné de bas-reliefs; sa longueur est de huit pieds, sa largeur de cinq, sur une profondeur pareille à sa largeur, ce morceau est digne d'être vu avec réflexion.

Peut-être te lasses-tu d'entendre toujours parler de l'antiquité, je crois qu'il seroit à-propos de te conduire dans les Eglises plus modernes de Rome, dont quelques-unes sont avec raison, si vantées: tu brûles sans doute d'impatience pour celle du Grand Saint Pierre, mais ton desir sera frustré pour ce moment, & la prudence veut que je réserve ce morceau pour le dernier; c'est le moyen de me faire lire plus long-tems avec intérêt.

Si je ne te parle pas de Saint Pierre, la justice veut au moins que je te parle de son collegue, Paul. Cette Eglise a bien son mérite, & je ne sçai pourquoi on l'a si fort éloignée de celle de Saint Pierre puisque d'ailleurs l'on accolle toujours Pierre & Paul ensemble, & que leurs cendres sont unies dans la même urne.

Ce vaisseau est vaste & élevé, le

plafond eſt travaillé en bois avec culs de lampes & deſtiné à être doré, la croiſée eſt double en épaiſſeur & ornée de dix colonnes de granite, qui cependant ne font pas abſolument un grand effet, mais en revanche quatre rangs de colonnes de marbre rendent la nef bien majeſtueuſe, chaque rang eſt compoſé de vingt colonnes, & les deux rangs du milieu ſont cannelées, & de marbres très-brillans. Cette richeſſe eſt un vol que le grand Conſtantin a fait au tombeau d'Adrien, dit aujourd'hui Château Saint Ange, autour duquel elles devoient faire un magnifique effet. Le maître-Autel n'a rien de flatteur non plus que le portail, il eſt fâcheux que cette Egliſe ne ſoit point achevée.

La Baſilique de Sainte Marie Majeure eſt une des belles Egliſes de Rome, la nef eſt ſoutenue par ving-colonnes de marbre blanc de chaque côté: le baldaquin de l'Autel eſt porté par quatre fortes colonnes de porphyre autour deſquelles ſerpente une branche de laurier en bronze: le plafond eſt à panneaux chargés de dorures & couleurs ; deux Chapelles collatérales riches en bas-reliefs contribuent beaucoup à l'embelissement de ce Temple : le portail est d'un goût tout à fait élégant ; tout fait plaisir à voir, mais ce qui m'a semblé le plus curieux dans un autre genre, ce sont ces longues baguettes,

Dont le pieux attouchement,
Par une vertu purgative,
Et certaine force attractive,
Peut enlever en un moment,
Deux mille fautes vénielles,
Rend les âmes nettes & belles,
Sans pourtant purger le gros mal.
Du fond d'un confessional,
En maint endroit de cette Eglise,
Les hommes à double chemise,
Sur le crâne des pénitens,
Imposent ce bois salutaire,
Et les confessés, bien contens,
Par un écrit confirment leur affaire.

Cette cérémonie inconnue à Paris & fort en vogue ici, nous a paru comme de raison très-plaisante : quelqu'un qui seroit muni d'une excellente lunette d'approche verroit sans doute tous ces petits péchés courir le long de cette gaule ſanctifiante & s'y attacher ; pour nous qui n'avions d'autre inſtrument que nos foibles yeux, nous n'avons pû que nous en douter. Il y a bien d'autres bonne choſes à Rome dans ce goût là ; je pourrois te parler de l'Egliſe de *San-Sebaſtiano* où l'on montre une pierre de marbre ſur laquelle eſt l'empreinte des pieds du Sauveur du Monde : l'image s'en vend, & je n'ai pas manqué d'en raporter une avec moi.

C'eſt ſous cette Egliſe qu'ont été trouvés les corps des Apôtres Pierre & Paul. Nous ſommes deſcendus dans ces ſouterrains nommés Catacombes, où ſe réfugioient les Chrétiens perſécutés. Il s'en faut bien qu'ils ſoient auſſi élevés & auſſi ſpatieux que ceux de Naples ; cependant ceux-ci paroiſſent plus étendus en longueur, & l'on pourroit s'y perdre ſans l'aſſiſtance d'un guide qui vous montre avec ſoin tous les buſtes en marbre des Saints, mis à l'endroit où leurs corps ont été trouvés, & dont ils ont été enlevés pour être expoſés au culte des Chrétiens. Il eſt défendu ſous peine d'excommunication *ipſò facto* d'emporter la terre de ce lieu, apparemment parce quelle a pû toucher à ces corps précieux, car c'eſt-là, diſent les gens impies, le magaſin inépuiſable de ſanctification, où les Papes trouvent à point nommé de quoi groſſir leurs revenus.

Un autre objet de dévotion célébre à Rome eſt la *Santa Scala*; cette échelle, où plutôt cet eſcalier, eſt compoſé de vingt huit degrés de pierre, revêtus de planches; la même peine d'excommunication eſt décernée contre ceux qui s'aviſeroient de les monter autrement qu'à genoux. Comme bons Catholiques nous nous ſommes traînés de notre mieux de marche en marche, au grand mécontentement de nos genoux & au détriment de nos bras; quant aux *ave* qu'il faut dire à chaque degré pour mériter les graces qui ſont attachées à cette œuvre-pie, j'avoue que le compte n'en a pas été débité bien ſcrupuleuſement, & qu'ils ont été par fois ſubſtitués par des mots qui ne les valoient pas: on fait comme l'on peut.

Le Cloître de Saint Jean de Latran abonde auſſi en curioſités de dévotion : nous y avons vu la mardelle du puits de la Samaritaine ; la meſure de la taille du Sauveur ; la pierre de porphyre ſur laquelle on a joué ſa robe au dez ; la table de la ſcène, & bien d'autres choſes qu'il ſeroit trop long de détailler. Malgré la rareté de ces reliques, j'avoue que j'aimois mieux paſſer mon tems à voir l'architecture de cette belle Baſilique, & les douze ſtatues des Apôtres qui en décorent la nef ſi noblement. Elles ſont placées dans des niches de marbre gris, relatives au coloſſal des figures, & en tirent un grand relief. Le portail de cette Egliſe a des beautés, mais les balcons qui y ſont inſérés, ſoit par l'idée que je me forme des balcons, ſoit par la faute de l'artiſte, m'ont ſemblé détruire la nobleſſe d'un portail. . .

Comme je ne prétends point compoſer des volumes, tu me diſpenſeras, mon cher ami, de te parler de toutes les Egliſes de cette Capitale : celle dite aujourd'hui la Rotonde, bâtie

bâtie par les Romains ſous le nom de Panthéon, & remarquable tant par ſon magnifique fronton ſoutenu par ſeize colonnes de granite d'une force peu commune, que par la colonnade circulaire du dedans ; celle des Ignatiens magnifique en toute eſpéce de décoration ornée de groupes de marbre repréſentant l'Héréſie térraſſée par la Religion ; celle de Sainte Agnès où les tableaux des Autels ſont formés par des bas-reliefs en marbre ; celle de *San-Girolamo* où l'on voit le beau tableau du Dominicain repréſentant Saint Jérome communiant à l'article de la mort ; & celle de Saint Pierre *in Monte Torio*, célébre par le tableau fameux de la transfiguration, peint par Raphael, qu'elle poſſéde, ſont les ſeules dont je ferai mention. Ceux qui voudront en ſçavoir davantage ſe donneront la peine de lire des voyageurs en titre, où de ſe tranſporter ſur les lieux. Lorſqu'ils ſeront à portée d'examiner à loiſir le Temple de Saint Pierre du Vatican, les frais & les fatigues ſe changeront en plaiſirs. Pour toi à qui je veux éviter un voyage ſi long, que tes occupations ne te permettent pas, je vais tacher de te donner une idée de ce morceau que l'on vante avec tant de juſtice *per totum orbem.*

Mais d'avance, tiens pour certain,
(Je t'en avertis, & pour cauſe)
Par le récit qu'on veut envain,
Au juſte apprécier la choſe.
D'eſprit qu'elle que ſoit la doſe,
On perdra toujours ſon latin :
Malgré l'art, l'un ſera meſquin,
L'autre au contraire étonne, impoſe;
Promets d'uſer de cet avis,
A crayonner je m'enhardis.

Les principaux deſſeins de ce vaſte Edifice appartiennent au Bramante & depuis au fameux Michel Ange qui avoit ſçu réunir en lui tous les arts. Le plan eſt une Croix Grecque à branches égales; depuis la nef a été allongée de trois arcs, & n'en eſt que plus majeſtueuſe. Toutes les voûtes ne ſont ceintrées qu'en berceaux, & les jours ne ſe tirent que de très-haut par le moyen des différentes coupoles dont cette Egliſe eſt décorée. On n'y voit point de colonnes comme partout ailleurs, & tous les piliers ſont quarrés. Un marbre rougeâtre revêt tout l'intérieur de l'Edifice, les ornemens de marbre blanc appliqués ſur le rougeâtre dont je viens de parler, étalent une riche ſimplicité & beaucoup de nobleſſe.

Le grand mérite de ce bâtiment élevé par les ſoins de huit Papes conſécutifs, conſiſte dans le raport ſi juſte de ſes différentes parties, que rien d'abord ne paroit extraordinaire, ni plus grand que dans un autre vaiſſeau; ce n'eſt qu'après un examen répeté & réfléchi que l'on devient ſtupéfait par les comparaiſons & eſtimations des hauteurs, groſſeurs, & grandeurs dont rien n'approche.

La nef de Saint Pierre n'eſt que triple. On prétend que le terrain occupé par un des quatre piliers de la croiſée, qui ſoutiennent le dôme, eſt égale à la capacité entiere de certaines Egliſes. Ce qu'il y a de vrai, c'eſt que les meſures du Panthéon (ou la rotonde) ont été appliquées au dôme ſeul de St. Pierre ſous lequel eſt le maître-Autel, & que le diamétre de ce cercle eſt de 66 de mes pas, ce qui fait 112 pieds tout au moins de proportion.

La longueur totale de l'Egliſe eſt de 300 pas, ſa plus grande largeur de 220. La nef du milieu en a 42, les nefs adjacentes 24, & la croiſée 35. Ce calcul ne peut s'eſtimer bien au juſte que ſur le terrain même.

Le baldaquin qui couvre le maître-Autel eſt de forme quarrée, & a dit-on, 124 pieds de haut, il eſt ſoutenu par quatre colonnes torſes ornées de branches de vignes & pampre. Le tout eſt de bronze; rien n'eſt plus magnifique que cette décoration, dont la matiére a, par parenthèſe, été arrachée à la coupole de la rotonde qu'elle ornoit ſous la forme de roſettes. Ces colonnes, ſuivant le dire public, ont la même proportion que celles du périſtile du Louvre à Paris. Elles ne paroiſſent cependant au premier coup d'œil que d'une hauteur & d'une groſſeur médiocres; juge par là, mon cher, de la grandeur du vaiſſeau qui les contient.

Le maître-Autel placé ſous le baldaquin que je viens de te décrire eſt élevé de pluſieurs marches, & les dégrés par leſquels on y monte ſont par derriere, attendu que le côté qui fait face à la nef eſt bouché par un magnifique eſcalier en fer à cheval tout de marbre, qui conduit à la chapelle ſouterraine où ſont les cendres enchaſſées des deux Princes des Apôtres; cet eſcalier eſt couronné d'une baluſtrade auſſi de marbre, garnie de lampadaires de bronze à branches multipliées, où il ſe fait une ample conſommation d'huile.

Le chœur, ou du moins ce que l'on nomme ordinairement ainſi, eſt terminé par un Autel orné de quatre figures coloſſalles de bronze repréſentant deux Peres de l'Egliſe Latine & deux Peres de l'Egliſe Grecque; une chaire de bronze ſoutenue par des Anges & plus élevée, occupe le milieu: au-deſſus eſt une gloire rayonnante. Le tout au dire des gens au fait, péſe cent ſeize mille livres de métail, ce qui ajouté à cent quatre-vingt-ſix mille trois cent quatre-vingt-douze autres livres de pareille matiére contenue dans le baldaquin, compose une masse de trois cent deux mille trois cent quatre-vingt douze livres, qui ont été arrachées à la coupole de la rotonde comme je l'ai dit ci-devant ; la dépense de fabrication a néanmoins monté à cent soixante-douze mille écus Romains, c'est-à-dire à peu près un million de notre monnoie.

Tous ceux qui ont été curieux de détails de ce beau bâtiment sçavent que les enfans de marbre blanc qui soutiennent les bénitiers placés à l'entrée de la nef, paroissent petits au premier coup d'œil en entrant, & cependant ont six à sept pieds de proportion, la distance d'un bénitier à l'autre qui lui fait face, produit le même effet de diminution sur ces figures. On parle encore beaucoup de ces colombes de marbre blanc appliquées en ornement sur le marbre rouge dont les piliers de l'Eglise sont revêtus ainsi que le reste, ces colombes à quelque pas de distance semblent si peu élevées que l'on s'imagine les pouvoir baiser si on le vouloit, & cependant dès que l'on s'approche, elles s'élévent au point que l'on ne peut y atteindre, en allongeant le bras de toute sa puissance. La vérité de toutes ces remarques prouve le juste rapport de proportions dans cet Edifice.

J'ai pris plaisir a faire bien d'autres observations soit en montant sur la corniche qui ceint toute l'Eglise, soit en examinant les tombeaux des Papes ; & je me suis convaincu qu'il en est de ce monument respectable comme des Opéras de notre excellent Rameau, que ce n'est qu'en les voyant le plus souvent possible que l'on se met en état d'en sentir les beautés sans nombre. Tombeaux, statues, bas-reliefs, bronze & tableaux, niches, autels, tout éleve l'ame du spectateur qui sçait réfléchir, & prouve le goût exquis de ceux qui ont contribué à la perfection de ce vaisseau. Le génie du célébre Cavagliere Bernini y brille en plus d'un endroit, mais ce qui m'a le plus frapé, c'est le tombeau du Pape Alexandre VII,

Du plus inepte ſpectateur,
La vue à l'inſtant eſt ſaiſie,
Mais l'homme un peu plus connoiſſeur
Rend hommage à ce beau génie;
Et l'on peut dire hardiment,
Bernin cet artiſte admirable
Nous fait courir au monument,
Et de la mort fait un objet aimable.

En effet on revient toujours, ſans s'en appercevoir, vis-à-vis ce morceau. Il eſt au deſſus d'une petite porte dont l'artiſte a ſçu profiter habilement pour annoncer l'ouverture d'un tombeau. La mort qui plane & étend ſes bras décharnés, (cette figure eſt de bronze) ſoutient une draperie de marbre dont les plis par la façon dont ils ſont jettés font un effet des plus picquans, & l'illuſion du tout enſemble eſt complette.

Les curieux de la belle nature trouvent auſſi leur compte dans l'Egliſe de Saint Pierre : les ſtatues de femmes n'y manquent pas, pluſieurs même verroient tout leur corps fané par le hâle, ſi le lieu où elles ſont ne les garantiſſoit pas du contact du grand air, tant les Sculpteurs habiles qui leur ont donné l'être, ont ménagé les vêtemens. On voit entr'autres ſur le tombeau du Pape *Urbain VIII*, * une certaine vertu en marbre blanc, couchée, qui paroît faite pour n'inſpirer que le vice : & de fait la tradition du pays eſt que,

Un jeune Eſpagnol épris
Des contours, de la fineſſe,
Dans ſon amoureuſe ivreſſe,
La traita comme une iris :
Et ſans reſpect pour le Temple,
Son Priape peu craintif
Oſa d'un contact laſcif
La polluer : cet exemple
Parut trop contagieux :
On prit ſoin d'ôter aux yeux
Des gens aimant paillardiſe,
Tous les bijoux cauteleux,
Par qui certain feu s'attiſe :
D'un petit bout de chemiſe,
Plus d'un appas fut caché,
Pour prévenir le péché.

---

* L'Abbé Richard veut que ce ſoit Aléxandre VII, tom. 5 pag. 345.

Le goût du François pour l'art de la ſculpture n'a jamais été aſſez vif, pour que l'on oſe placer des chefs-d'œuvres, de cette eſpéce, dans nos Egliſes ; mais ce n'eſt pas un mal que nous n'imitions point ſur cet article la Capitale du monde Chrétien ; la Religion n'y perd pas tant.

Une des choſes admirable dans le Temple de Saint Pierre, c'eſt l'exécution ſi parfaite de cette peinture artificielle nommée moſaïque, qui donne une preſque éternité à tous ces chefs-d'œuvres des maîtres de la peinture, qui ſubiſſent à la longue malgré les ſoins les plus ſcrupuleux le ſort des choſes les plus communes, & ſont annéantis par le tems. Les tableaux copiés exécutés en moſaïque ſont preſque auſſi beaux & auſſi vigoureux que les originaux ; la dépenſe eſt immenſe, il eſt vrai, mais elle n'en fait que plus l'éloge, & de l'art & des Souverains.

Les ateliers où ſe fabriquent ces belles choſes ſont voiſins du Palais Vatican, & nous y avons vu tout à notre aiſe une partie des opérations.

La compoſition des pierres qui ſervent à ce genre de peinture eſt une matiere vitrifiée, cuite par pains ronds de ſix pouces environ de diamétre, dont le centre eſt plus épais que la circonférence, & forme le verre lenticulaire.

L'ouvrier, ou l'artiſte, car je ne ſçai trop quel nom lui donner, eſt pourvu d'une petite enclume & d'un marteau tranchant, à l'aide deſquels il coupe ces lentilles de verre en auſſi petites parties qu'il veut. Ordinairement chacune de ces petites pierres de compoſition portent deux lignes & demie de longueur environ ſur une de ſurface. S'il étoit poſſible que ces pierres fuſſent cuites de cette groſſeur tout d'abord & employées dans des caſes comme les caractères de l'Imprimerie, le travail ſeroit de beaucoup abregé.

Les plates bandes deſtinées à recevoir ces pierrettes ſont compoſées de piéces de bois de chêne très fortes, aſſemblées avec ferremens, recouvertes de pierres de taille ſur leſquelles eſt un enduit de maſtic dans lequel on enfonce perpendiculairement chaque petit cube allongé, à côté les uns des autres, le plus près qu'il ſe peut. Chaque tableau eſt composé de trois ou quatre des plates bandes dont je viens de parler, que l'on a l'art d'unir ſi bien l'une à l'autre, que les joints ne peuvent s'appercevoir. Le poids de ces tableaux doit être énorme, puiſque leur épaiſſeur eſt tout au moins de huit pouces, & je ſuis encore à concevoir comment les parties ceintrées de l'Egliſe peuvent retenir ces maſſes terribles qui devroient entraîner avec elles des morceaux entiers de plafond.

La dépenſe de chacun de ces tableaux monte à douze mille écus Romains, ce qui équivaut à ſoixante-douze mille livres de France, environ.

Les ouvriers font pour leur compte des petits tableaux qu'il vendent aux curieux. Le deſir d'en avoir nous avoit gagné, mais le prix de trois cent écus nous a ſur le champ rendu ſage, & nous ſommes ſortis de l'atelier ſans retourner la tête.

Il eſt aiſé de concevoir que chaque pierre de couleur différente étant colorée dans toutes ſes parties & ſe trouvant poſée perpendiculairement ſur deux lignes & demie d'épaiſſeur, doit réſiſter long-tems aux injures de l'air, & par ſon degré de vitrification craindre beaucoup moins la diſſolution de ſes parties.

Il te ſemblera peut-être extraordinaire & ſingulier que ce ne ſoit qu'en ſortant de l'Egliſe que je te parle de ſon veſtibule & de ſon portail. Il en ſera cependant ainſi puiſque l'enchaînement des choſes m'a conduit.

Le veſtibule du Temple de St. Pierre forme une eſpéce de galerie dont la longueur ſe meſure ſur la largeur du Temple. Ce morceau eſt noble & grand. On apperçoit aux deux extrémités le commencement des degrés qui montent au Palais Vatican; cette perſpective m'a ſemblé peu décente & convenable à la dignité du lieu. Elle eſt décorée de chaque côté par une ſtatue Equeſtre, l'une de Conſtantin, l'autre de Charlemagne, en marbre blanc, dont la premiere eſt de beaucoup préférable à l'autre. Ce veſtibule eſt percé de trois portes communiquant à l'Eglise; celle de la droite est la porte Sainte. Cette porte comme l'on sçait ne s'ouvre que dans la cérémonie du Jubilé, dans les autres tems elle est murée en brique, enduite de plâtre, & sur le milieu de ces enduits est une grande croix d'un pouce de relief, & dorée.

C'est-là que toute âme dévote
Avec ongles & doigts grignotte
Le crépi de ce sacré mur,
Qui, bien qu'il soit solide & dur,
Cede pourtant à la persévérance;
Et par la sainte violence,
Chaque jour se voit amoindrir.
On auroit peine à contenir
Cette piété destructive :
La foi dans ce pays trop vive
Trouve un singulier aliment
Dans le plâtre & dans le ciment.

La veille de la cérémonie du Jubilé, on a soin de couper ce mur tout au pour tour, ensorte qu'il ne se soutient plus que par son propre aplomb : au moyen de ce préparatif, le sacré Pontife n'a pas beaucoup de fatigue pour le faire tomber sous les coups de marteau dont il le frape en chantant *attollite portas*, d'autant plus qu'il est tiré avec des cordes au dedans de l'Eglise.

Le portail de Saint Pierre est d'une proportion relative à la grandeur du Temple, & ses colonnes sont d'une belle grosseur, mais il me paroit gâté par de petites fenêtres quarrées peu majestueuses, & par des balcons isolés qui annoncent plutôt le logement d'un Financier que celui d'un Dieu. Mon goût sans doute n'est pas celui de tout le monde, mais quand il seroit mauvais, je ne peux m'en défaire & ne pas t'en faire part. Quelle différence de décoration entre celle-ci & celle de l'Eglise de la Rotonde. Cette Eglise n'a pour portail qu'un fronton saillant soutenu par seize colonnes de granite d'une grosseur extraordinaire posées tant en largeur qu'en profondeur, quiconque aura bien consideré la noblesse de cette simplicité, détestera, je crois, ainsi que moi les portails.

Mais si le portail de Saint Pierre

ne m'a pas flatté, quel effet n'a pas fait ſur moi la magnifique place qui précéde ce Temple! ſa grandeur qui eſt immenſe, ſa belle forme, ſes deux galeries demi circulaire, ſoutenues chacune par quatre rangs de colonnes, & ſurmontées d'une terraſſe ornée de ſtatues, ſes deux fontaines en gerbes jettant ſans interruption un volume d'eau des plus conſidérables, le magnifique obéliſque élevé au centre par le célébre Sixte-Quint, tout juſqu'au pavé même tracé par compartimens, dénote le plaiſir qu'ont pris les Pontifes à faire de cet endroit un morceau achevé. Il faudroit en effet être bien dépourvu de lumieres naturelles pour n'être pas ſaiſi d'admiration en voyant de ſi belles choſes.

Pour nous qui ne nous laſſions pas de viſiter les objets de détail, nous n'avons pas négligé de monter au haut du portail, & même ſur le dôme de l'Egliſe. C'eſt-là où l'on peut juger avec plus de certitude de l'immenſité de ce bâtiment qui feroit à lui ſeul une Ville de Province. Malgré la fatigue & la difficulté, nous avons gravi jusque dans la boule de bronze qui soutient la croix, & nous avons vû par expérience que l'on n'en impose point au public en affirmant qu'elle peut contenir une vingtaine de personnes.

Voici, mon cher, tout ce que je peux te détailler au sujet de la plus belle Eglise du monde entier, que je t'invite à aller voir par tes yeux si jamais tes affaires t'en donnent le loisir. Sans parcourir le reste de l'Italie, la seule Rome est un monde où les beautés sans nombre s'offrent de toutes parts aux vrais amateurs. Si les Temples ont un si grand mérite, les Palais des Princes n'en ont pas moins, dans un genre différent. Il en est quelques-uns qui seuls suffiroient pour former un artiste. Je tacherai de t'en donner quelques détails selon toutes fois la puissance de ma mémoire qui m'a déja bien trahi. Il est juste de commencer par le plus grand & le plus recommandable à plus d'un titre, je veux dire, le célebre Vatican.

Ce Palais est sans contredit un des

plus vaſtes qui exiſtent, & c'eſt par cette raiſon là même que les Papes ne l'habitent pas volontiers, il contient, dit-on, cinq mille chambres environ; tout exorbitant que ſoit ce nombre, les Romains n'en veulent rien rabatre, pas la moindre garde-robe. L'extérieur bien qu'aſſez beau ne préſente pas un enſemble régulier, ainſi je n'en parlerai pas. Nous n'avons point été tentés, comme tu peux te l'imaginer, de vérifier ſi le nombre des chambres eſt tel qu'on l'avance; à cent par journée, ce qui eut été fort honnête, il n'eut pas moins falu de deux mois; les viſite à ce prix qui voudra. Nous nous en ſommes tenus aux grands appartemens dont les murailles ſont devenues ſi précieuſes par les belles peintures à freſque de Jules Romain & du célébre Raphael: les morceaux les plus eſtimés ſont la bataille de Maxence, Saint Pierre aux Liens; l'Héliodore Battu de Verges, & l'Ecole d'Athènes. Ces deux derniers ſont d'une vigueur inimitable pour la freſque.

C'eſt devant ces morceaux piquans
Qu'on voit nombre d'adoleſcens,
Animés d'une ardeur louable,
Tachant, à l'aide des crayons,
De ſaiſir les expreſſions,
Et ce précis inimitable
Qu'ils chercheront, ſans doute, en vain :
De Raphaels la nature eſt avare,
Et de long-tems au genre humain,
Ne veut faire un préſent ſi rare.

Au milieu du plafond d'une de ces grandes chambres eſt attaché un tableau que je ne peux oublier par l'illuſion qu'il m'a faite. Le ſujet eſt la croix élevée à la place d'une idole qui ſe renverſe d'elle même. La ſcène ſe paſſe au milieu d'un Temple ; la couleur de ce tableau eſt ſi ſuave, la dégradation des plans & des lumieres eſt portée à un ſi haut point de vérité, que le ſpectateur s'imagine malgré lui ſe promener dans un Edifice très-profond. Je m'en veux beaucoup d'avoir oublié le nom de l'auteur, dont l'intelligence eſt ſupérieure.

Si tu maniois le pinceau & les crayons, tu m'entendrois parler avec plaiſir de la petite gallerie du Vatican, où ſont conſervés les fiers deſſeins à pierre noire du ſçavant Carlo-Maratti, qui repréſentent les douze Prophètes, ou Apôtres de l'Egliſe de Saint Jean de Latran. Tu prendras plus de goût à la grande galerie qui a deux cent pas de longueur. Le plafond eſt peint en petits cartouches par Raphael, & ſur les murailles ſont peints avec ornemens dorés, les plans de l'Italie & des Villes tant anciennes que modernes, avec l'indication des différentes batailles qui ſe ſont données dans le pays. Rien n'eſt ſi attrayant que ces peintures topographiques, & dès qu'une fois on a commencé à détailler les événemens cités en lettres écrites au long, l'on ne peut s'arracher de ce lieu.

Les galeries extérieures qui communiquent aux différens appartemens de ce Palais ſont auſſi embellies par le pinceau de Raphael & de ſes éleves en petits cartouches. C'eſt-là que l'on conſtruit dans le tems d'un conclave, les cellulles deſtinées aux vénérables Cardinaux, d'où ils ne

q peuvent ſortir que le nouveau Pape
ᴖ ne ſoit nommé; cellulles ou

Ces rouges gonds de l'Egliſe,
Strictement claquemurés
De la puce dévorés,
(Si ce n'eſt en tems de bize)
Montrent ſouvent de l'humeur,
Contre le trop de lenteur
De la Colombe divine,
Qui d'un ſoufle triomphant,
Doit chez la gent purpurine,
Dicter le choix éclatant
Du Saint Succeſſeur de Pierre,
Et terminer leur miſére.

Les cours de ce Palais ne ſont pas à dédaigner, pluſieurs belles choſes les rendent recommendables; outre un vaſe de porphire de treize pieds de diamétre que nous y avons vû, nous avons pû y admirer des ſtatues connues pour précieuſes telles ſont une Cléopatre dormante, une Vénus veſtale, une Vénus félice, l'Apollon, l'Antinoüs, tous morceaux Grecs dont la réputation eſt faite depuis pluſieurs ſiécles, & ſurtout le fameux groupe du Laocoon que l'on ne peut ſe laſſer d'admirer tant pour la beauté des formes que pour la force de l'expreſſion des paſſions de l'âme. C'eſt ſans contredit le plus magnifique tableau de marbre qui exiſte. L'on nous a fait remarquer un bras ajouté depuis à la place d'un qui n'avoit point été trouvé avec la ſtatue & qui manquoit. Ce bras a été ſculpté par le Cavalier Bernini qui a eu la témérité d'oſer ce que le fameux Michel Ange avoit abandonné, dit-on, par modeſtie, ainſi qu'en fait foi un bras de marbre ébauché par lui, & que l'on conſerve imparfait comme un monument remarquable d'humilité.

Les jardins du Vatican ſont agéables & par les charmilles d'orangers & par les boſquets de lauriers, & par les grottes & fontaines dont les eaux ſont variées en cent manieres. Le morceau le plus ſingulier eſt un vaiſſeau avec tous ſes agrêts, jettant de l'eau de tous les côtés. Tandis que la fraicheur de cette roſée nous procuroit un plaiſir ſenſuel en face, nos épaules de l'autre côté ſouffroient grandement de l'ardeur du Soleil,

& nous ne pardonnions à Monſieur Phœbus le ſupplice qu'il nous faiſoit endurer qu'en conſidération du ſpectacle agréable de différens petits arcs-en-ciel que l'obliquité de ſes rayons ſur ces jets d'eau nous a procuré long-tems.

Au centre de la baluſtrade d'un eſcalier à deux rampes deſcendant au jardin, eſt placée en ornement une très groſſe pomme de pin en bronze, tirée du tombeau d'Adrien, aujourd'hui dit Château Saint Ange, où elle avoit été colloquée comme Urne ſépulchrale deſtinée à contenir les cendres de cet Empereur.

Un curieux de livres par état, à qui l'on ne parleroit pas de bibliothèque, auroit grande raiſon d'envoyer au diable le narrateur. Pour éviter un pareil voyage, je n'oublierai point de te dire quelque choſe de la ſuperbe bibliothèque du Vatican, dont la réputation flaire comme baume partout l'Univers. Elle contient ſelon l'opinion publique, ſept cent mille volumes. On nous a montré avec orgueil pluſieurs manuſcrits impayables pour ceux qui aiment les vieilleries. Item un Virgile du quatriéme ſiécle, bien écrit, orné de méchantes vignettes; un Térence avec les maſques; l'hiſtoire du Duc d'Urbin avec de très élégantes miniatures. Item la Bible Polyglotte du Cardinal Ximenès imprimée ſur Vélin. Item des Lettres galantes écrites de la main de Henri VIII. Roi d'Angleterre à Anne de Boulen ſa bien aimée; toutes choſes d'un grand prix pour les bibliomanes, ſurtout celles dont les reſtes ſont les moins entiers.

Pour moi, j'avoue ingénument
Que je ne conçois pas comment
Un vieux parchemin dont l'uſure
Laiſſe à peine voir l'écriture;
Qui dans cent endroits grignotté
Par certain animal agile,
Dont le muſeau bien endenté,
Jamais ne reſpecta Pindare ni Virgile,
Met le jugement en defaut,
Peut acquérir un prix ſi haut.
Enfin, chacun a ſa manie;
Les hommes faits n'en ſont pas moins enfants,
Il nous faudra toujours des joujoux différens;
Sans quoi, que ſeroit notre vie?

Un

Un grand morceau de toile d'amiante que l'on a fait brûler ſans la pouvoir conſumer, m'a fait plus de plaiſir, par l'extraordinaire de ce phénomène, que toute la bouquinerie, en ne prenant ce mot que dans le ſens où il n'annonce que des choſes vieilles qu'il eſt en notre pouvoir de rajeunir avec le ſecours de l'impreſſion. Nous nous ſommes promenés avec ſatisfaction dans ce vaſte bâtiment bien peint par Zuccari & Paul Brill. Le fond eſt blanc & ſupporte des cartouches bleus qui donnent un peu le ton de la fayance; au reſte, le vaiſſeau n'en paroît que plus gai. Sa forme eſt celle d'un T. la queue du T eſt une galerie double avec piliers au milieu; ſa longueur peut-être de cent pas environ. Quant à la branche du T elle eſt diſtribuée en huit galeries ſimples alignées dont la longueur totale eſt de quatre cent pas; à peine diſtingue-t-on les objets d'un bout à l'autre. J'ai remarqué que toutes les armoires ſont proportionnées à la hauteur du bras pour éviter apparamment le déſagrément & le danger des échelles & gradins mobiles, qui peuvent en un instant par leur chûte, faire d'un sçavant un trépassé fort ignare.

Au sortir de la bibliothèque & du Palais, le hazard nous a fourni un spectacle nouveau pour nous en ce pays. Au bas d'un mur de terrasse très-élevée, nous avons apperçu un grand concours de spectateurs, & nombre d'équipages brillans. Nous nous sommes approchés, & nous avons jettés les yeux sur une vessie gonflée que des gens lestement habillés de blanc se renvoyoient en l'air de toute la vigueur de leurs bras ; tu croiras avoir raison de conclure que des écoliers profitans d'un congé jouoient entr'eux au balon : point du tout, ces prétendus écoliers étoient tous hommes faits, & du premier rang, tels que les Borghèses & autres qui prenoient le plaisir de cet exercice vigoureux usité en Italie. Le spectacle étoit agréable de toutes façons & par l'agilité & la force des acteurs & par la qualité des principaux spectateurs & leur suite, nous y avons passé quelques momens avec plaiſir. Quoique les petits objets ne doivent point faire ſenſation, cependant comme ancien acteur moi même, j'ai obſervé ſans le vouloir, que leurs braſſarts au lieu d'être de carton comme les nôtres, ſont de bois garni de pointes émouſſées priſes dans le même contexte, & reſſemblent de loin à des pommes de pin. Cette méthode m'a paru mieux combinée que la nôtre en ce que le braſſart bien plus gros préſente beaucoup plus de points de circonférence, & mon obſervation ici inſerée ne ſera peut-être pas infructueuſe pour notre jeuneſſe ſcolaſtique de Paris.

Nous ne pûmes augmenter longtems le nombre des regardans autour de nos joueurs ; un rendez-vous d'un genre bien différend nous demandoit & nous étions preſſés par l'heure. L'exercice que nous voulions voir ſe pratique de deux jours l'un dans l'Egliſe appellée l'Oratorio du Pere Caravita, vers les huit heures du ſoir : alors les bancs de cette Egliſe ſe trouvent amplement garnis de gens zelés contre leur chair, qui attendent avec impatience un moment précieux qui ſe trouve toujours précédé du débit de quelques litanies chantées d'un ton mielleux & confit. Un St. homme muni d'une corbeille, fait lentement le tour de l'Egliſe; s'arréte devant chaque aſſiſtant, & lui préſente d'un air pieux, accompagné d'un profond ſilence,

Certain inſtrument fléxible
Artiſtement travaillé,
Où le chanvre tortillé,
Semble faire ſon poſſible
Pour prendre une fermeté
Digne de la piété.

Chacun reçoit humblement un de ces petits meubles pour l'achat & la fabrique deſquels le fondateur a eu ſoin de laiſſer des fonds : les cierges qui étoient allumés s'éteignent *gradatim*, à-peu-près comme à notre office de ténébres. Un Prêtre armé d'une croix de ſix pieds de haut, débite une exhortation des plus pathétiques, pendant laquelle le dernier cierge eſt caché derriere l'Autel. Pour lors,

Dans le ſombre de la nuit,
L'on entend un très-grand bruit,
Aſſez ſemblable à la grêle :
Le Saint outil mis en jeu,
Sur l'échine forte ou frêle,
Met du noir en plus d'un lieu.
De ſa chair récalcitrante,
Le béat plein de ferveur
Croyant mater la fureur,
Frappe d'une main peſante.
Mais on dit que le démon,
Par un tour de ſa malice,
Fait ſi bien que ce ſupplice
N'éteint la tentation;
Mais à la concupiſcence
Donne plus d'efferveſcence.

Nous n'étions pas aſſez ſots pour exécuter à la lettre le plan de la fondation, & frappant vigoureuſement ſur nos habits, nous fîmes du moins beaucoup de bruit ſi nous ne fîmes pas grande beſogne.

Quelque minutes paſſées dans cette louable fonction, la lumiere reparoit, l'homme au crucifix recommence une autre exhortation, qui ſe trouve ſouvent interrompue par le bruit de ſoupirs larmoyans & de ſanglots, qui euſſent fait grand effet ſur nous ſi nous n'euſſions pas été convaincus que leur réalité ne paſſe pas le ſeuil de l'Egliſe. Le diſtributeur des diſciplines fait ſa ronde, on lui rend ſes outils, le Prêtre donne une bénédiction finale, & chacun bien fuſtigé s'en retourne chez ſoi.

Comme mon intention en aſſiſtant à cette cérémonie étoit en partie de dérober un de ces inſtrumens de ſatisfaction; par un mouvement de componction affecté & préparé de loin, j'ai mis le diſtributeur en défaut, & je ſuis reſté paiſible poſſeſſeur d'une des meilleures reliques d'Italie, à mon goût, qui me rappellera toujours la dévotion grimaçante de ce pays Hypocrite.

Mon camarade de voyage n'ayant pu payer d'effronterie cette premiere fois, fut obligé d'y retourner le ſurlendemain pour exécuter le même larcin que moi. Il eſt des gens inconſiderés qui oſent demander ſi les Dames ſont admiſes à ces ſaintes corrections.

Non, non : un ſi gentil uſage
Rendroit le jeu trop dangereux,
La diſcipline feroit rage,
Qui frappe un coup, frapperoit deux,
Et trois & quatre, outreroit ſa puiſſance,
Et l'on verrait en défaillance,
Par un zèle trop aſſidu,
Tomber notre frappart fourbu.

Le Révérend Pere Caravita, homme prudent, s'eſt bien gardé de donner lieu à ces inconvéniens, mais il n'eſt pas défendu aux Dames d'attendre chez elles les fuſtigés qui leur faſſent part en ſecret des graces que leur a méritées en public cette œuvre de mortification.

Je ne ſçai, mon cher, comment il eſt arrivé que je t'aye conduit dans une Egliſe ; je croyois les avoir totalement abandonnées pour ne te promener que dans les Palais, je ne compte point retomber dans cette faute, & je vais ne te conduire dorénavant que chez les Princes temporels.

Le Palais Colonne eſt de tous ceux que j'ai vus, celui dont la décoration intérieure eſt la plus magnifique.

La galerie principale qui attire les curieux, eſt ſi riche en bronzes, en tableaux, en peintures à freſque, en colonnes de prix, qu'à peine la mémoire peut conſerver une idée de ce que l'on y a vu. Si l'on veut deſcendre juſqu'aux petits objets, on y admire des bas-reliefs en yvoire traités ſupérieurement, entr'autres, le jugement dernier de Michel-Ange, exécuté ſur un morceau d'yvoire de 10 à 12 pouces de large, ſur 16 à 18 de haut en deux piéces de rapport ſeulement, avec un art & une délicateſſe inconcevables. Je te parlerois volontiers de tableaux, ſurtout d'un peint par le Guercino repréſentant la Vierge qui contemple ſon fils mort; d'un autre par le Môle, repréſentant Agar dans le déſert, & d'autres excellens, mais tu aurois probablement plus de ſatisfaction à voir deux grands miroirs en glace dont les félures ont été artiſtement voilées par la compoſition élégante du célébre Carlo-Maratti qui a peint deſſus des enfans jouant avec des guirlandes de fleurs, cet ouvrage a tant de graces que l'on ne peut s'empêcher de remercier celui dont la mal-adresse, en brisant ces glaces, a donné lieu à de si jolies choses.

Le Palais Justiniani ne t'occupera pas long-tems : un martyre de Saint Pierre par Sartarelli Vénitien, la guérison de l'aveugle né, par le Guercino, le martyre des innocens, par notre peintre François le Poussin, sont les choses que j'ai distinguées des autres, ainsi qu'une statue de Cléopatre sortant du bain, un Hercule Cerbére, & un bouc de grand mérite pour un bouc. Il faut que tu me passes encore le Palais Barbérini dont l'architecture est belle & simple. L'escalier en est ovale. Une Niobé, une Magdelaine, une décolation de Saint Jean-Baptiste, un festin des Dieux, Bacchus & Ariane, sont les tableaux qui ont le plus attiré nos regards ; en statues, un Satyre dormant, un jeune chasseur tenant un sanglier, par le Cavalier Bernin, s'il m'en souvient, m'ont paru les meilleurs ; mais ce qui surprend l'admiration, c'est le plafond du grand sallon d'entrée. Il est du pinceau du sçavant Piétre de Cortone qui y a sçu réunir tant de vigueur & tant de de graces ensemble, que nous eussions passés la journée entiere a en détailler les beautés, si l'on nous eut permis d'y rester si long-tems.

Des beautés plus analogues à tes connoissances m'invitent à te conduire au Palais de Monte Cavallo. C'est là la demeure ordinaire du Pape lorsqu'il n'est pas question de représenter en public. Ce Palais sans étre immense comme le Vatican, n'en est pas moins agréable. Les lauriers, les citroniers, les orangers, les grottes, les rocailles, les jets d'eau, & les *giochi d'Acqua*, souvent cachés sous terre, faisant aussi résonner des orgues, des trompêtes, & chanter des oiseaux, rendent les jardins charmans & la promenade amusante, & d'autant plus délicieuse. Entre les prisonniers emplumés qui peuplent la voliere, nous avons remarqué un paon & deux aigles blancs. Il faudroit être d'humeur trop austère pour trouver mauvais que l'on ait soin d'accumuler dans ces jardins quelques gentillesses enfantines, capables d'amuser un homme à qui elles doivent par état & par l'âge tenir lieu d'autres amuſemens qui lui ſont interdits.

Ma foi, je t'avoue, entre nous,
Que je ne trouve rien de doux
Au métier de porte thiarre :
C'eſt une place unique, rare ;
Mais quelle ſotte ambition,
Pour donner en tous lieux ſa bénédiction,
De mener une triſte vie.
Sans avoir d'autre compagnie
Que capuchons, petits collets,
Et des Monſignors violets,
Qui pour gagner un bénéfice
Exercent le plus bas office :
Jamais oſer rire à ſon gré,
Sans craindre d'être cenſuré :
Manger ſeul perdrix & bécaſſe,
Et boire ſeul, le meilleur vin ;
Point ne voudrois de telle place,
Mieux vaudrait être Capucin.

J'ai pourtant vû ſe promener dans ces jardins quelques-uns de ces animaux dangereux portant dentelle ſur la tete, qui d'un regard peuvent vous damner un Pape comme un autre homme ; mais je veux croire que lorſque le Pontife ſacré veut ſe délaſſer l'eſprit par un tour de promenade, il ne riſque point de ſe trouver en préſence de ces anges tentateurs qui mettroient ſon cœur dans la perplexité.

Du Palais de Monte Cavallo, ainſi nommé à cauſe des deux groupes en marbre qui ſont à l'entrée, repréſentant, dit-on, Alexandre domptant Bucéphale, ouvrage que l'on attribue à Phydias & Praxiteles & qui nous ont ſemblé mal répondre à la célébrité de leurs auteurs, nous nous ſommes tranſportés au capitole.

Ce batiment fameux dont toutes les hiſtoires ont retenti n'eſt plus qu'un bâtiment moderne qui n'a rien de ſurprenant. Il eſt compoſé d'un corps de logis de face avec deux aîles ſéparées aſſez belles. La galerie gauche eſt conſacrée à la ſculpture, & la droite à la peinture. La collection des buſtes, des bas-reliefs, des ſtatues antiques ſoit en marbre ordinaire, ſoit en porphyre, dont quelques uns ſont Egyptiennes & ſingulieres, eſt très conſidérable. Les plus belles ſont le Gladiateur mourant, l'Antonin, la Flore, la Junon, le Faune de pierre Rouge, le buſte de Caton, & bien d'autres dont je ne donnerai point la liſte.

La galerie droite n'eſt pas moins bien meublée en tableaux, & ne le céde en rien à la premiere. Agar & ſon fils par le Môle, l'entrevue de Jacob & Laban par un éleve de Piétre de Cortone, la Sybille Perſique & Cléopatre aux genoux d'Auguſte par le Guercino, le ſacriſice d'Iphygénie & l'enlevement des Sabines par Piétre de Cortone, ſont tous morceaux qui exigent un examen de longue haleine, pour en connoître toutes les beautés, mais celui qui brille par excellence eſt une bataille entre Darius & Alexandre, il eſt du même célébre Piétre de Cortone, & les Romains ont, dit-on, refuſé de le céder pour des ſommes conſidérables, en effet plus on y fixe ſon attention & plus on a de peine à le quitter.

En face du capitole, au milieu de la place, eſt une ſtatue equeſtre parfaite de Marc Auréle Antonin, dorée, & encore dans ſa fraicheur malgré un eſpace de tems conſidérable pendant lequel elle a été enfouie. Le cheval eſt de la plus grande beauté.

Après avoir vu des beautés d'agrément, nous avons paſſé à d'autres plus effrayantes; les mortiers & les canons nous ont attirés dans le Château Saint Ange.

Je crois t'avoir dit qu'autrefois ce lieu étoit le tombeau de l'Empereur Adrien, que Conſtantin le Grand en a fait arracher un nombre conſidérable de colonnes du plus beau marbre, pour en décorer la nef de la Baſilique de Saint Paul. Au moyen de cette ſpoliation la muraille qui leur ſervoit de fond, n'ayant point été ragréée, le premier aſpect de ce bâtiment eſt déſavorable; ſa forme eſt ronde; pour faire de ce lieu un lieu fort, on a pratiqué un bon foſſé & l'on a doublé l'enceinte d'une muraille de réſiſtance. Nous avons été a portée de viſiter cette fortereſſe tout à notre aiſe. Un Officier Italien qui y commandoit ce jour là, & qui par ſes façons polies s'eſt montré digne d'être François, nous a donné pour conducteur un Grenadier Piémontois qui ne s'eſt pas moins piqué de belles manieres que ſon Officier, ce dernier il eſt vrai, ſe doutoit bien qu'elles ne ſeroient pas infructueuſes vis-à-vis des François.

Le Château Saint Ange commande toute la Ville. Son pourtour eſt meublé de petits canons de deux livres de balles, de deux plus forts en face du pont dit Saint Ange, & ſur l'eſplanade ſupérieure, de quatre piéces de trente-ſix fort belles. En outre au dedans eſt une piéce carabinée de vingt-quatre, qui défend l'eſcalier. La ſalle du Conſeil eſt ſpatieuſe, bien voutée, & ornée de dorures & peintures. La Chapelle eſt fort petite: pluſieurs portes de chambres n'ont pû nous être ouvertes; notre brave conducteur nous a dit que pour lors; elles renfermoient,

Plus d'une tête portant mitre,
Qui mangeant du pain de Chapitre,
Faiſaient mince digeſtion,
Et trouvaient longue la journée:
Leur grandeur ainſi condamnée,
Nonobſtant leur condition,

Sans doute crie à l'injuſtice,
Et maudit le Mufti Latin ;
Mieux leur vaudrait un bréviaire à la main,
Prier, offrir leur ſacrifice.

Après avoir viſité tous les endroits acceſſibles aux Etrangers, avoir monté ſur la plate forme dreſſée exprès pour placer les miliers de fuſées volantes qui devoient ce jour même compoſer la magnifique girandole du feu d'artifice que le Peuple attendoit avec impatience ; nous ſommes ſortis de cette forterelle fort ſatisfaits, & nous avons fait enſorte que notre Grenadier le fut de ſon côté.

Le reſte de notre journée fut employé a voir le Palais Borghèſe. Une douzaine de piéces très vaſtes offrent aux amateurs un nombre conſidérable d'excellens tableaux, entre leſquels brillent un Enfant prodigue par le Titien, un Saint Sébaſtien de Zuccari, ou du Ruſtikino, les quatre ſaiſons de l'Albane, une Sainte Cécile du Guide, une Vénus du Titien, Loth & ſes filles du... huit miroirs ornés d'enfans & de fleurs peints ſur la glace par Zanki & Zeropéri, qui ont leur mérite auſſi bien que ceux du Palais Colonne. Le nombre des chefs d'œuvres eſt bien trop grand pour que j'entreprenne de les citer tous, d'ailleurs il faut convenir franchement qu'on voit tant de Madones, tant de Chriſts, tant de Saint François, tant de Davids & Goliath, tant de Saint Sébaſtiens, tant de Baſſans répetés, ſoit dans ce Palais, ſoit dans d'autres, que nous avons traité fort cavalierement, les Perugins, les André del Sarte, les Paul Véronéſes, les Caraches & qui pis eſt, le Raphael, au riſque d'être excommuniés par toutes les puiſſances de l'Italie. Quelque petits tableaux en moſaïque ont attiré nos regards par le merveilleux de l'exécution. Les deſſeins de Raphael & de Jules Romain, quoique d'un grand prix, ont eu un peu le ſort des Madones, tant il eſt vrai que l'abondance peut ſouvent être dangereuſe; le porphyre & l'albatre contribuent à orner ces appartemens, où l'on voit avec grand plaiſir douze têtes des Céſars & quatre de Conſuls travaillées fiérement avec le premier de ces marbres, tandis que le ſecond ſert à former les ajuſtemens & les buſtes.

Les Chartreux mériteroient bien, & par la beauté ſimple de leur Egliſe, & par les magnifiques tableaux originaux dont elle eſt décorée au préjudice de Saint Pierre qui n'en poſſéde plus que les copies en moſaïque, que je violaſſe la parole que je t'ai donnée un peu légérement de ne te plus remener dans les Egliſes; leur cloître qui a cent colonnes de pourtour & eſt orné au centre d'une fontaine ombragée par quatre cyprès majeſtueux, *les thermes* de Dioclétien, vaſtes & anciennes ruines ſur leſquels cette maiſon eſt bâtie, pourroient me procurer mon pardon, mais je n'en dirai pas davantage, & je te parlerai plutôt du Palais Farnèſe.

Ce Palais où les colonnes multipliées & les galeries extérieures font un bel effet, a outre-ce l'avantage de recéler pluſieurs morceaux de grand prix; tels ſont les ſtatues de l'Hercule & de la Flore qu'on voit dans la Cour; un groupe de quatre figures coloſſalles dont le ſujet eſt Alexandre Farnèſe couronné par la victoire, & foulant aux pieds la Flandre. Cette belle compoſition a été exécutée dans un tronçon ſeul d'une des colonnes de l'ancien Temple de la Paix ; & donne lieu d'être ſurpris de la groſſeur de ces colonnes & d'admirer avec quelle intelligence l'artiſte a ſçu tirer parti de ſon bloc.

La petite galerie intérieure de ce même Palais contient non ſeulement des ſtatues antiques admirables, mais auſſi les peintures à freſque de Annibal Carracci qui déploye par tout la grandeur de ſes talens. C'eſt à cette école que viennent la plupart des deſſinateurs curieux de connoître la délicateſſe & la préciſion des contours, pour tacher de dérober par un vol légitime la ſcience de cet homme immortel.

Il eſt tems de te parler du bonheur particulier dont nous avons joui, & auquel tout bon Chrétien doit aſpirer en faiſant un pareil voyage. Juſques-là nous n'avions vû le Pere ſpirituel de la Chrétienté qu'à ſon paſſage dans les voies publiques, ou à quelque cérémonie d'apparat, & nous n'avions remporté avec nous que des bénédictions vagues & communes à tout le Peuple ; mais le Mardi 5 Juillet, jour à jamais mémorable,

Nous a procuré l'avantage
De pouvoir, visage à visage,
Examiner à notre aise, celui
Qui tient en sa main aujourd'hui,
Ainsi que Rome nous l'atteste,
Les clefs de la porte céleste :
Qui muni du foudre sacré,
Maintenant trop peu revéré,
Peut sur la plus illustre tête
Faire éclater la plus forte tempête.

Ce Potentat à triple couronne, n'est pas à beaucoup près, si difficile à approcher que la plupart de ceux qui n'en portent qu'une : les démarches qu'il nous a falu faire pour y parvenir ne nous ont pas coûté beaucoup de fatigues. Notre Ciceroni (ou valet de louage) homme de plus de poids que nous ne pouvions l'imaginer, prit sur lui toute l'affaire. Il étoit, ne te déplaise, parent d'un petit collet ſubalterne attaché à la ſuite de Sa Sainteté : & ce petit collet étoit lui même apparenté à quelque domeſtique ſans rabat ſervant chez le maître de chambre du Saint Pere : tu vois par cette gradation que nous étions en bonnes mains. Nos noms & nos qualités écrits ſur un morceau de papier, ſans autre garantie que notre bonne foi, ont été les ſeules formalités requiſes. Le petit collet en queſtion les ayant préſentés la veille à Monſieur de Boſchi *aeſtro della Camera*, & Prélat, homme affable & poli répondit obligeamment: *che i Signori ſarebbero ſerviti.* Il nous fit ſçavoir par ſa même voie l'heure & le lieu où nous devions le lendemain le joindre dans le Palais de Monte Cavallo.

A peine neuf heures du matin ſonnoient que notre carroſſe nous avoit tranſportés audit Palais, où nous fûmes introduits dans l'appartement dans lequel étoit pour lors Monſieur de Boſchi. Nous priâmes ſon Eminence de nous excuſer de ne point avoir oſé l'aller voir chez lui ; il nous fit mille politesses en langue Françoises dont il s'escrimoit assez mal, & après des complimens réciproques, il nous conduisit dans l'antichambre de l'Audience pour y attendre comme les autres, le moment d'introduction, à notre tour :

A peine un rayon de lumiere
Eclairoit cet appartement ;
A force d'ouvrir la paupiere,
Nous apperçumes cependant
Deux enfans de Saint Dominique
Qu'on nomme, autrement Jacobins,
Plus, quatre sales Capucins
Que Saint François le Séraphique
N'a pas fondés pour le plaisir
Des nez qui n'aiment à sentir
Que le musc & la violette.
Pourtant crois-je qu'à leur toillette,
Plus d'instans ils avaient donné
En faveur du nez du Saint Pere,
Qui, s'ils l'avaient empoisonné,
Les eut sans doute, envoyé faire faire.
Nombre de gens portant manteaux, *
Sur des bancs rembourés de chêne,
Tranquilisoient leurs petits os,
Ainsi que nous, les fesses à la gêne.

Car, par un ufage mefquin
Dont je ne conçois point la caufe,
Dans ce Palais nul cul fuppliant ne repofe
Sur plume, ni duvet, ni crin.

La fraîcheur ménagée par l'attention fcrupuleufe à ne point permettre la moindre entrée aux rayons du foleil, & l'ennui d'attendre notre rang, qui maintefois s'éloignoit par la furvenance de gens privilégiés entrant *tout de go*, pensèrent me livrer entre les bras de Morphée: mais enfin le moment de notre délivrance arriva. Un efpèce de Sécretaire qui avoit écrit nos noms fur la feuille d'audience, nous fit figne de nous préfenter. Nous avançâmes fous un tambour mobile, fufpendu, compofé de rideaux & portiere de Damas cramoifi, qui féparoît cette piéce de l'anti-cabinet. Nous fumes reçus par l'Archevêque d'Athenes, ce méme M. de Bofchi, qui voulu bien caufer familierement avec nous pendant quelques inftans. Le Saint Pere fonna, la porte du cabinet fut ouverte par M. de Bofchi: il en fortit un homme à robe violette, & nous fumes admis ſans épée ni chapeau, dans le Sanctuaire.

D'après les inſtructions que nous avions demandées ſur le cérémonial de l'étiquète, nous débutâmes par une génuflexion, qui bien-tôt fut ſuivie d'une ſeconde au milieu de la chambre : de-là nous abordâmes le Pontiſe, à qui nous demandâmes l'honneur de baiſer cette pantoufle ſacrée dont on parle ſi ſouvent.

Si cette cérémonie humiliante nous couta une troiſieme génuflexion bien plus complette que les précédentes, elle ne laiſſa pas de moleſter de ſon côté Sa Sainteté, qui fut obligée de ſe déranger de devant ſon bureau, de faire mi-tour à droite, non obſtant ſa peſanteur, & de nous allonger avec peine ſon pied droit, qu'elle leva le plus haut qu'il lui fut poſſible pour diminuer d'autant notre abbaiſſement reſpectueux.

Cette cérémonie faite, nous nous relevâmes ; il ſe replaça dans ſa premiere attitude, & d'un viſage affable & riant, nous témoigna la ſatisfaction qu'il éprouvoit de la viſite de François. Après cette politeſſe, il entra

entra en matiere , nous questionna sur notre voyage , sur les beautés de l'Italie que nous avions déjà vues , sur celles qui nous restoient à voir, sur les cérémonies pompeuses de la Fête du Saint Sacrement & de saint Pierre. Nous ne manquâmes pas de lui faire notre cour , en admirant les pompes romaines, & sur-tout en chantant les louanges de sa patrie, la riche Venise , bien qu'elle nous eût paru assez ennuyeuse.

La conversation fut fort aisée de part & d'autre : le Saint Pere la soutint de son mieux en langue française, soit pour nous prouver qu'il la sçavoit, soit par plus grande politesse, ou pour éviter d'entendre écorcher la sienne, ce que je croirois volontiers. Nous le remerciâmes de la grace qu'il avoit daigné nous faire, & nous le suppliâmes de mettre le comble à ses bontés , en nous donnant une bénédiction spéciale & générale.

Lors, d'un visage composé
Sentant un peu l'hypocrisie,
A terre le genouil posé,
La tête avec respect fléchie,

Notre dévote Seigneurie
Reçut des doigts ſanctifians,
Pour nous & nos tiers deſcendans
S'ils viennent un jour à la vie,
Une ample bénédiction,
Sans aucune reſtriction.

Sa Sainteté accompagna ce bienfait d'un de ces regards de pere, qui annoncent la bonté du cœur, & doivent pénétrer les enfans de reconnoiſſance; auſſi lui en donnâmes-nous tous les témoignages, & nous nous retirâmes doucement. marchant un peu de côté, pour ne pas lui tourner le dos d'une façon incivile.

Nous remerciâmes, comme nous le devions en partant, M. le Maître de la chambre, de ſes bons offices, ſans préjudice de la viſite que nous nous promettions de lui rendre. Nous avons repris nos chapeaux & nos armes, l'on nous a préſenté à chacun un chapelet (*) qui eſt le préſent ordinaire du Saint Pere. Nous l'avons

(*) Excepté les perſonnes de grand rang qui ſont galantiſés de médailles.

reçu avec le respect qu'il méritoit; mais le lendemain la visite imprévue d'une douzaine de *Scopators* & autres valets du Palais papal nous a prouvé que même au centre de la Chrétienté l'on ne pouvoit se sanctifier *gratis*; & nous n'avons pu nous débarrasser de cette canaille importune qu'avec une couple de sequins dont il a fallu nous désaisir pour leur fermer la bouche. Ne seroit-ce point de cette coutume sordide de soutirer les étrangers qui ont eu l'honneur de baiser la pantouffle, qu'est venu le proverbe de ferrer la mule? En fait de conjectures, le champ est libre à tous les raisonneurs; ainsi je ne vois pas pourquoi, sur ce fait, je ne hazarderois pas mon opinion tout comme un autre.

Te voilà instruit. mon cher, de tous les précieux détails de cette visite essentielle faite au Souverain pontife de l'Eglise Catholique, Apostolique & Romaine, Rezzonico, dit Clément treize. Si tu es curieux de connoître l'homme plus intimement, je te dirai que la douceur & la bonté font la base de son caractere.

Son esprit & simple & peu fin
Ne tient point de ceux d'Italie;
A l'astuce trop réfléchie,
Jamais il ne put être enclin.
a probité regne sur son visage,
La pureté brille en ses mœurs:
Modeste au faîte des grandeurs,
Un front serrain, jamais sauvage,
Devrait lui gagner tous les cœurs.
Mais du poison que la cabale
Sourdement en tous lieux exhale,
Qui peut éviter les fureurs?
De son Roi, Rome mécontente,
Un jour sçaura le regretter:
La race mortelle inconstante
Ne veut jamais jouir, mais toujours souhaiter.

Tel agrément que l'on puisse gouter dans l'aimable ville de Rome, il faut me résoudre à la quitter, plus d'une raison valable, & sur-tout les chaleurs qui commencent à devenir dangereuses, nous obligent à faire notre paquet. Je compte que tu ne trouvera pas mauvais que je mette fin à ma lettre pour vaquer à cette besogne, & que je t'assure avec ma sincérité ordinaire, des sentimens dans lesquels je ne cesserai d'être, &c.

SIXIEME LETTRE.

PAr la ſatisfaction avec laquelle je t'ai toujours parlé de Rome, & par le goût particulier que les beaux arts avoient nourri en moi pour cette Ville que je ne reverrai ſans doute jamais, avant même que je la connuſſe, tu dois juger, mon cher, avec quel chagrin je vois approcher le moment où je vais lui dire un adieu éternel. Il faut au moins que j'adouciſſe, autant qu'il eſt en mon pouvoir, l'amertume de cette ſéparation, en t'entretenant pendant quelques inſtans ſur pluſieurs objets qui concernent cette Cité fameuſe, & qui méritent bien une place dans cette Lettre.

Rome, cette Capitale ancienne du monde entier, dont la circonférence étoit ſi étendue, voit aujourd'hui ſes murailles bien rapprochées, & pourroit les reſſerrer encore bien davantage, ſans gêner la population actuelle de quarante milles de circuit, ce qui équivaut à treize lieues de France environ : elle n'en a plus que ſeize à peu près, ce qui n'eſt encore ſouvent que trop pour les étrangers qui veulent la parcourir. Si l'on en retranchoit les jardins de quelques maiſons de plaiſance, la moitié de ſon terrain pourroit ſuffire aux habitans. Il s'en faut moitié, je crois, au moins que cette Ville ſoit auſſi peuplée que Naples : mais ſi elle eſt de beaucoup inférieure à Naples pour les beautés naturelles de poſition, elle la ſurpaſſe de beaucoup par celles de l'art qui y abondent. Toutes les maiſons des Grands peuvent avec raiſon être appellées Palais, & par la vaſte étendue qu'ils occupent, & par la décoration d'architecture qui les embellit ſoit au dehors ſoit au dedans, & par les richeſſes étonnantes en ſtatues, bronzes & tableaux qu'ils renferment. Quant aux meubles, ils ne ſont pas par-tout magnifiques. Dans ce pays, les beaux arts ont le pas ſur les étoffes. Les deux galeries l'une ſur l'autre, ſoutenues par nombre de colonnes de belle proportion, qui entourent pour l'ordinaire la cour des Palais, rendent cet intérieur fort noble & agréable, mais d'un autre côté privent les appartemens d'un ſurcroît de gaité que le grand jour leur donneroit, s'ils étoient à fleur du mur. Au dehors les portes, les fenêtres ſont ornées de chambranles, chapiteaux, frontons, & autres agrémens de bon goût pour la plupart. Il n'y a pas juſqu'aux grilles des fenêtres du rez-de-chauſſée qui n'aient une tournure bien plus élégante que les nôtres. Les bornes même qui ceignent l'entrée, ont tout un autre air que celles que nous employons : elles ſont de marbre, d'une groſſeur & d'une hauteur remarquables, & les chaînes de fer en guirlandes qui communiquent de l'une à l'autre, ont un ton d'élégance qui nous a beaucoup flaté. La multiplicité des Palais donne à la Ville un coup d'œil riche & majeſtueux ; l'uſage des toits applatis augmente la clarté, & le pavé quarré de taille fort petite, poſé ſouvent en loſange, rend la marche douce & peu fatiguante pour les citoyens. Les rues ſont preſque toutes bien percées : les trois principales, dont le point de réunion se trouve à la porte du Peuple, produisent le plus agréable effet à l'œil de ceux qui font leur entrée par le carrefour. Les nombreux portails d'Eglises, ne contribuent pas peu à la décoration générale, mais ce qui l'augmente considérablement ce sont les fontaines multipliées, toutes d'un goût différent & construites par les plus habiles artistes.

Un nourrisson des neuf pucelles
A chaque pas, distinctement,
Voit mille Nymphes immortelles,
Jouant dans l'humide élément.
De roseaux l'une orne sa tête,
Et tresse ses cheveux épars,
Sous un roc une autre s'arrête,
Et semble éviter les regards.
Plus loin, la tremblante nayade,
Dont le cœur d'amour est malade,
Evite un triton amoureux,
Et feint de rejetter ses feux.
Ici, sous une touffe d'herbe,
L'onde ruisséle sourdement;
Là, d'une impétueuse gerbe
Bouillonne le jet écumant.

Du poids d'un altier obélisque,
J'admire le foible soutien,
L'aplomb en fait tout le lien,
Et l'on en approche sans risque.
Partout brille le goût exquis,
Et l'art dispute à la nature:
Partout une docte imposture
Etonne nos yeux éblouis.

Il n'est presque point de place ou carrefour à Rome qui n'offre aux connoisseurs un morceau digne de fixer leur attention. Pyramide, colonne, groupe, obélisque, fontaine, tout est mis en œuvre pour rendre cette Ville recommendable. L'eau est si abondante que chaque maison posséde un robinet, & que de distance en distance, d'autres petits robinets presque invisibles adossés aux murailles du dehors, fournissent continuellement aux besoins du Peuple. Je ne parlerai point des sommes que coutent les magnifiques aquéducs qui amenent ces eaux des montagnes: elles doivent être immenses: cette attention des Souverains pour le bien public semble annoncer la félicité générale; mais que cette induction ſeroit fauſſe ! perſonne à Rome comme ailleurs ne ſe trouve content dans ſon état, & tout le monde ſe plaint de ſon peu d'aiſance. Le Souverain Pontife ſe plaint de la chambre Apoſtolique, qui ſe mêlant de tous les détails, tant en recette qu'en dépenſe, lui refuſe par fois l'argent qu'il demande ſur le champ. La cabale, la politique, les menées des cours ſont encore des ſujets fréquens de mauvaiſe humeur pour le Saint Pere, qui ſe voit contrequarré dans ſes deſſeins pour la diſpenſation des dignités.

La gent porte ſoutane, murmure contre ſon chef, lorſque celui-ci n'étant pas Romain, diſtribue les graces & les bénéfices à ceux qu'il a amenés de ſon pays & en prive les naturels du territoire de Rome.

Les plaideurs ſe plaignent de la multiplicité des juriſdictions dont les chefs ſe diſputent à chaque inſtant le droit de connoître d'une affaire, ce qui fournit au défendeur de mauvaiſe foi le moyen de traîner le jugement en longueur & de fatiguer le demandeur, ſoit par les délais, ſoit par des déclinatoires, ſoit par des frais imprévus. Delà vient en partie l'anéantiſſement du commerce, par la facilité avec laquelle le débiteur peut manquer à ſes engagemens, ſurtout s'il a quelque protecteur puiſſant.

Le Peuple ſe plaint des abus & des véxations, tant par raport aux entrées, que pour les objets de conſommation, & n'eſt jamais écouté, ayant affaire à trop forte partie, qui eſt la chambre Apoſtolique.

La claſſe des cultivateurs n'a pas plus lieu d'être contente de ſon état. Ils ne ſont que ſimples journaliers, & comme tels, leur gain eſt ſi modique, qu'ils peuvent à peine élever leur famille. N'ayant jamais d'intérêt perſonnel à bonifier la choſe, ils ne travaillent qu'en mercenaires, & de cet uſage pernicieux naît, & le découragement & le dépériſſement des biens, qui par bonheur eſt balancé par la fertilité du ſol. La ſeule profeſſion lucrative eſt ſelon le dire public, celle des maçons, & par le goût dominant des Seigneurs pour les bâtimens, & par le droit qu'ils ont de s'aproprier les vieux matériaux des maiſons que l'on reconſtruit : peut être ne ſont ils pas plus contens que les autres. Les ſeuls citoyens opulens ſont les Moines, les Prélats & autres gens de cette robe dont les poſſeſſions ſont immenſes, & ne ſortent jamais de leurs mains.

Dans cette claſſe ſont auſſi les Princes Romains dont les revenus ſont conſidérables quant à la maſſe, mais dont le net eſt beaucoup moindre par les dépenſes multipliées en regiſſeurs, inſpecteurs, conſeils de régie, & autres de cette nature, qui montent très-haut.

Le commerce foible entraîne une foible conſommation & peu de circulation d'eſpéces : delà naît une eſpéce de nonchalance, & une triſteſſe qui ſe répand ſur les habitans, delà l'avidité du gain, la mauvaiſe foi, & autres moyens honteux de ſe tirer de la miſére, ſemblent indiſpenſables.

Delà vient qu'à Rome, aujourd'hui
Cocuage eſt tant à la mode,
Et que de la vieille méthode,
L'époux Italien guéri,

Ne voit plus d'un œil intraitable,
Fréquenter chez lui le blondin.
Il ſe tait, n'en prend nul chagrin,
Pourvu que ce galant aimable
Joigne à la généroſité,
Une langue diſcrette & ſage;
Et n'aille point de ſa félicité,
A tout venant faire un ſot étalage.

Plus les ſiécles s'écoulent, plus les hommes ſe civiliſent, comme tu vois. Je penſe au reſte qu'ils ont fait prudemment de ſe défaire de cette ſombre jalouſie qui ne les garantiſſoit pas du panache redouté, & les privoit de bien des douceurs qu'ils ſçavent goûter aujourd'hui.

Jamais les verroux ni les grilles
Ne firent la vertu des filles.

Cet axiôme eſt reçu & regardé comme d'une certitude Géométrique. On doit y ajouter ce ſecond ci qui en dérive néceſſairement.

Maris jaloux faites la ſentinelle
Aux galants montrés le poignard;
Si vos moitiés ne ſont d'humeur fidéle,
Cocus ſerés, ou tôt, ou tard.

Sa vérité eſt maintenant ſi reconnue en Italie, que cette arme redoutable ſe rouille preſque dans le fourreau. Ce n'eſt pas que la canaille ſoit devenue plus raiſonnable & moins féroce : dès qu'il y a du vin dans le crâne, le ſtilet ou plutôt le couteau entre en jeu d'égal à égal , & l'on ſe poignarde ſans réflexion ; mais les honnêtes gens ne peuvent être exposés à cette brutalité, à moins que par une imprudence impardonnable, ils ne ſe compromiſſent avec cette populace qui ne connoît aucun frein.

Les privileges ridicules des aziles ſacrés ne ſervent qu'à perpétuer ces abus, auxquels il eſt étonnant que la prudence du gouvernement ne remédie point.

La préſence du Chef de l'Egliſe & la rigidité, peut-être trop grande, du Cardinal Vicaire s'oppoſant aux plaiſirs bruyans extérieurs tels que la danſe & les ſpectacles, qui n'ont lieu que pendant le carnaval, il eſt tout naturel que les plaiſirs ſecrets remplacent les autres ; auſſi ſont-ils plus vifs qu'ailleurs ; la gêne du dehors augmente la licence du dedans ; &

accoutume à l'hypocrisie & au mépris de la Religion.

La femme qui publiquement
Dans le sanctuaire du Temple,
Vient de s'unir au Sacrement,
Et de donner un bon exemple,
Chez elle, sans ménagement,
Court pleine d'une ardeur lubrique,
Entre les bras de son amant,
Mettre la débauche en pratique.

La Crosse, la Mître, le Surplis, le froc, le bonnet à cornes, la sandale, tout sert de trophée à l'amour, qui par-là semble vouloir réparer les pertes que fait la nature par la cruauté réfléchie de ces parens exécrables qui mutilent leurs enfans pour leur assurer du pain.

Les Messes, les Vêpres, les sermons, les saluts, n'en vont pas moins leur train pendant la journée, & les Eglises ne manquent pas d'assistans, mais s'il en est de bonne foi, ce ne sont que les femmes du peuple, qui, de même que chez nous, ne sont pas d'un état assez relevé pour s'arroger le droit de ne connoître aucuns des devoirs de leur Religion.

Tel eſt à peu près le tran tran de Rome, cette cité ſainte où ſe trouve ſi peu de ſainteté. Les Princes Cardinaux & autres gens de cette volée quittent ſouvent la Ville pour aller prendre leurs ébats dans leurs *villa* ou maiſons de campagne dont ils font leurs délices.

Les mauvaiſes exhalaiſons du terrain ne les effraient point. Comme ils ont la facilité de ſe tranſporter commodément, ils n'y vont que dans les tems convenables, & en reviennent dès que les chaleurs peuvent être dangereuſes. Je crois d'ailleurs que l'on augmente de beaucoup ce danger dont on peut facilement ſe garantir avec quelques légères précautions, comme de fermer exactement les fenêtres pendant la nuit pour ôter toute entrée aux vapeurs vitrioliques & glaciales qui s'élevent pendant les heures du ſommeil. Je peux affirmer avoir vu pluſieurs gens de campagne, faquins & autres, couchés & dormans ſur le pavé des rues de Rome vers le milieu de la nuit, ce qui prouve que tout eſt habitude: c'étoit, il eſt vrai, dans Rome même

& au commencement de Juillet, tems où les chaleurs ne ſont pas encore dans leur plus haut degré.

En qualité de François, nous avons pluſieurs fois paſſé ſur le pont Saint-Ange en plein midi, ſans être grillés, & nous n'en étions pas ſi étonnés que de l'exactitude avec laquelle toutes les boutiques ſe ferment depuis cette heure juſqu'à cinq ou ſix du ſoir, pour vaquer à la méridienne.

L'obſcurité qui regne dans les appartemens pendant la journée ſurprend d'abord les étrangers, mais ils reconnoiſſent bien-tôt l'utilité de cette méthode, ſans laquelle ils ſe trouvent, indépendamment du chaud, harcelés par le plus redoutable des inſectes, je veux dire les mouches.

Les puces, ainſi que je crois te l'avoir dit, ſont encore un fleau du pays, dont on a beaucoup plus de peine à ſe garantir, avec tous les ſoins de propreté poſſibles, que de leurs compagnes infectes, dont nous n'avons preſque pas heureuſement reſſenti les atteintes.

Pluſieur uſages d'Italie ont eu le droit, comme de raiſon, de nous paroître singuliers : tel est celui de porter avec le manteau court & le petit collet, les cheveux roulés en queue, cet accoutrement est celui des jeunes Séminaristes.

Le jeu de l'évantail, pratiqué par les hommes, n'étoit pas moins nouveau pour nous, mais comme chaque chose est bonne lorsqu'on en tire un avantage réel, il seroit absurde de trouver une coutume ridicule parce que nous ne la pratiquons pas.

Je ne finirois pas si j'entrerr nois de détailler les différentes coëffures des femmes de la campagne. Une serviette ou un mouchoir arrangés sur sa tête en cent façons suivant la mode de leur village, fournit aux dessinateurs des idées par fois heureuses & pyttoresques dont je n'aurois point été fâché de tirer des croquis. La coëffure qui m'a paru la plus majestueuse dans ce pays est celle

De cet animal vigoureux,
Dont le travail infatigable
Donne à l'homme laborieux
Une richesse véritable ;

Qui dans le déclin de ses ans,
Fournit une chair succulente,
Dont nous tirons en tous les tems
Une nourriture excellente.

Le bœuf en Italie est d'une grosseur bien au-delà de celle des nôtres. Son poil n'est point roux, mais d'un gris clair. Cet animal & par ses services assidus, & par sa corporance, sa belle tête, la grandeur & la forme élégante de ses cornes, doit être regardé comme respectable & comme un des présens les plus essentiels du Créateur.

On dit souvent que Rome n'est habitée que par des Moines & des Prêtres; cela est vrai sans doute & ne doit point surprendre, en considérant quel Souverain habite dans ses murailles; cependant on ne fait pas attention à un abus assez singulier qui donne le change sur cet article, c'est la permission que prennent une grande partie des habitans de porter le collet & le rabbat, ainsi que l'habit noir, quoique mariés, & ce pour éviter une plus grande dépense en habillemens. Il en résulte un mal inévitable, qui eſt la hardieſſe avec laquelle un homme qui eſt dans le Sacerdoce, peut conduire publiquement une femme, comme s'il n'étoit point engagé dans les Ordres, & qu'effectivement elle lui appartînt, n'ayant point d'ailleurs de caractere aſſez diſtinctif.

Le chapeau de paille n'eſt point injurieux à Rome : preſque tous les chapeaux noirs que l'on porte ſous le bras ſont de cette matiere.

Tu ſeras peut-être ſurpris que je ne te diſe pas grand choſe de ce fleuve dont les anciens Romains faiſoient tant d'étalage. Je veux croire qu'ils n'en vouloient point impoſer, & qu'alors il étoit de quelque valeur; mais aujourd'hui ce n'eſt, dans la Ville, qu'une riviere médiocre, roulant des eaux aſſez bourbeuſes dont on ne boit point, dont l'utilité cependant eſt toujours conſidérable par la commodité qu'elle procure pour le tranſport des marchandiſes juſqu'à la mer.

Je laiſſe à d'autres plus inſtruits à t'entretenir plus au long ſur Rome la ſainte, pour moi je m'en tiens à ce que je viens de t'en dire. Si jamais l'envie te prenoit de la voir par tes yeux, je te conseillerois de ne t'y rendre que pendant l'hyver. Si l'on est privé pour lors du spectacle de la verdure, on en est dédommagé par les autres plaisirs de cette saison, qui sont bien plus vifs que ceux de l'été. Théatres, mascarades, courses de chevaux, concerts, tous les amusemens de cette nature se succedent & font passer les journées agréablement. De plus on visite à son aise les beautés sans nombre dont cette Ville abonde, sans être excédé du poids de la chaleur, qui nous a paru bien pesant, & nous a forcé de passer plus légerement que nous n'eussions voulu sur bien des choses qui méritoient un examen plus long.

Le vendredi huit juillet est le jour de tristesse où nous avons quitté cette Ville si célebre que tant de gens voudroient, & cependant n'osent aller visiter : où nous avons été bien nourris, bien logés à frais raisonnables ; où la société des François est presqu'aussi facile à trouver qu'à Paris : en un mot où nous eussions deſiré faire un ſéjour beaucoup plus long, ſi les circonſtances nous l'euſſent permis.

Notre équipage nouveau n'étoit pas, à beaucoup près, ni ſi brillant ni ſi bien conditionné que celui qui nous avoit voituré juſqu'à Rome. Si d'abord nous pouvions nous faire donner de l'Excellence, maintenant à peine avions-nous celui de *gli mercanti*.

Tel eſt le train de ce bas monde :
Eſt bien à plaindre, qui ſe fonde
Sur un moment d'égalité.
Tout eſt ici, viciſſitude
Inconſtance, fragilité ;
Et qui fait ſon unique étude,
De ſatisfaire ſes deſirs,
Souvent voit changer ſes plaiſirs
En noirs chagrins dont l'amertume
Empoiſonne ſes triſtes jours.
Mais foin : je ferais un volume,
Si je voulais moraliſer toujours.

Notre décadence ne put, je t'aſſure, altérer la tranquilité de notre ame philoſophe. Nous n'étions pas même, par réflexion, fâchés d'annoncer moins d'opulence , car les fonds diminuoient, & nos brancards dorés nous avoient précédemment couté bien des ſequins que nous regrettions : le plus eſſentiel étoit que nos chevaux fuſſent vigoureux, & ils l'étoient.

Nous nous mîmes donc en marche à cinq heures du matin pour gagner Baccano, auberge iſolée dans la campagne de Rome, où nous ne ſommes reſtés que le moins que nous avons pu à cauſe du mauvais air qui, dans le vrai, n'étoit pas alors beaucoup à craindre : mais danger ou non, nous avons été beaucoup plus contens lorſque nous nous ſommes vus le ſoir à Ronciglione, endroit qui par ſa poſition ſur une montagné, jouit d'un air plus pur & plus ſain. L'on apperçoit en route le tombeau de Néron, antiquité peu picquante.

Je m'étois promis d'aller le lendemain matin, avant de monter en chaiſe, examiner quelques environs pyttoreſques garnis de moulins au pied de pluſieurs roches, mais notre nouveau Phaëton s'arrogeant, ainſi que ſes confreres, le droit de ne faire que ce qui leur plaît, toujours ſous prétexte du bien de la choſe, nous fit partir, par des raiſons à lui ſeul connues, dès quatre heures préciſes du matin pour nous rendre, par l'événement, à huit & demie dans la ville de Viterbe, où il avoit réſolu de nous faire diner.

Cette Ville eſt pavée de très-larges pierres & ornée de fontaines: elle nous a paru aſſez jolie; mais à dire le vrai, nos paupieres refuſoient ſi obſtinément de s'ouvrir, que pour ne les pas trop moleſter, nous nous jettâmes ſur un des lits de l'auberge, en attendant l'heure du diner.

La marche de l'après midi ne fut ni bien longue ni pénible par excès de chaleur. Nous arrivâmes ſur les ſix heures à Monte-Fiaſcone, où notre gite étoit déterminé.

Ce lieu n'a rien de remarquable
Pour un voyageur curieux,
Mais l'habitant malicieux,
Bien-tôt vous dit le fait ſi mémorable
De certain Paſteur Allemand,
Lequel ſi l'on en croit l'hiſtoire,

De bon vin un rop peu gourmand,
Tant humecta son avaloire,
Tant copieusement sçut boire,
Qu'il descendit au monument.
L'on va voir comme chose rare
La tombe de ce bon Curé,
Qui voulut mourir à son gré.
De ce doux jus le sort pour nous avare,
D'un tel malheur hélas nous préserva :
On nous servit de la piquette,
Si, que la mort qui toujours guette
Pour croquer gens, nous respecta.

A l'extrémité de ce village est un point de vue assez agréable sur un lac nommé le lac Bolsêne, qui n'est pas d'une étendue considérable. Lorsque nous entrâmes dans Monte-Fiascône nous trouvâmes le peuple occupé d'un divertissement qui ne nous divertit gueres, bien qu'il fût tout nouveau pour nous. Il consiste à irriter avec un haillon attaché au bout d'une gaule, une vache ou bœuf que des bouchers vigoureux contiennent avec une forte corde qu'ils lâchent ou raccourcissent à leur gré. Cette cérémonie n'étoit pas particulierement consacrée à cette journée, car on nous a dit qu'elle ſe répétoit toutes les fois qu'il s'agiſſoit de mettre à mort un de ces animaux dociles que l'on ſe fait un plaiſir dans le pays de tourmenter inutilement, avant de l'immoler à la voracité des hommes.

La route du lendemain ne nous a fourni rien de bien intéreſſant. Nous avons traverſé des lits de torrens à ſec. Nous ſommes entrés ſur les terres de la Toſcane : nous avons gravi une montagne d'environ deux heures de marche, & pour couronner l'œuvre, nous avons ſoupé par cœur, s'il eſt permis d'uſer de cette expreſſion. Notre peu de diligence, il eſt vrai, en étoit un peu cauſe. Tous les valets de l'auberge étoient ronflans ſur leurs grabats, ainſi que leurs maîtres. Les proviſions étoient conſommées ; à peine pumes-nous nous faire donner un lit tel quel. Ce lieu ſe nomme, je crois, Radicofani : il eſt probable que l'on y boit amplement, car les vaſes deſtinés à recevoir le réſultat de la boiſſon ſont à la lettre, des jattes de fayance d'un diamettre remarquable, auſſi ne les avons-nous pas oubliées.

Notre travail du lendemain fut aſſez violent : nous marchâmes neuf heures de ſuite ſans relâche, nonobſtant la chaleur, & ſans prendre d'autres alimens qu'un morceau de pain arroſé d'un coup d'eau & de vin, que nous avions toujours l'attention de porter dans la chaiſe. Nous fîmes notre pauſe à *Buon convento*, & la nourriture y fut paſſable. La propreté des valets n'y brilloit guères, auſſi pendant toute la nuit nous crûmes ſentir une odeur que l'on tâche pour l'ordinaire d'eloigner le plus que l'on peut ; & pour ſavoir ſi ce n'étoit point l'effet d'un rêve, & le produit d'une imagination déréglée, nous fîmes à notre réveil une viſitte exacte dans toute la chambre : nous ouvrimes enfin une petite commode fort propre & hiſtoriée à l'extérieur, qui au dedans contenoit,

Non du linge, non des habits,
Perles, topazes, ni rubis,
Diamans, ni ſultans à l'ambre,
Géroffle, ni muſc, ni gingembre,
Mais certain thréſor conſervé,
Mal-à-propos, & réſervé
Pour le déplaiſir des narines :
C'eſt aſſez dire, & tu devines.

Nous ne pûmes jamais aſſez tôt quitter ce lieu de déplaiſance : nos chevaux furent obligés de précipiter leurs pas du matin, & de ſe mettre au travail pour nous conduire à Sienne, où nous arrivâmes par des chemins plus doux & plus agréables que les précédens.

Cette Ville, quoique petite, n'eſt pas ſans agrémens : ſon plan n'eſt pas égal ; elle n'a qu'une ſeule rue de niveau : les autres deſcendent à droite & à gauche de celle-ci. Elle eſt fort joliment bâtie, mais foiblement peuplée. Son pavé n'eſt formé que de briques poſées ſur tranche, & par-là reçoit une force plus durable. Le portail de la Cathédrale eſt bâti tout de marbre blanc, & chargé d'ornemens de goût gothique: quant au corps de l'Egliſe, au Baptiſtaire & au Palais de l'Archevêque, les aſſiſes alternatives de marbre blanc & noir qui ont été employées à leur conſtruction, forment un aſpect très ſingulier. Le deſſous de la corniche de l'Egliſe en dedans, orné de têtes de Papes en relief mérite d'être examiné, ainsi que le pavé du chœur dessiné en figures de marbre blanc sur fonds de marbre gris. Les bénitiers ont aussi leur petite singularité, & lorsqu'on y trempe les doigts, l'œil reçoit une illusion momentanée par l'aspect de petits poissons sculptés au fond. Le Palais où les Gonfaloniers rendent la justice, n'a rien de beau, mais la place qui est au-devant est remarquable par sa forme singuliere creusée en coquille. Entre les tableaux que nous avons été à portée de voir dans cette Ville, nous en avons distingué deux de Carlo Marati, dans une des Chapelles de la Cathédrale, & un de Conca, dans la Chapelle de l'Hôpital où le peintre a voulu faire voir sa connoissance dans la perspective. Le sujet est l'eau de la piscine remuée par l'Ange. Comme le mur de cet Autel est demi ceintré par le haut, les colonnes du Temple représenté dans le tableau auroient paru nécessairement courbes vers leur chapiteau, l'artiste a voulu sauver cet effet, & par une courbure calculée en sens contraire, a procuré au ſpectateur le plaiſir de les voir parfaitement droites. L'illuſion, il eſt vrai, ceſſe, dès que l'on quitte le point juſte d'où ce tableau doit être examiné, & la courbure des colonnes, paroit extraordinaire ; auſſi Cochin dans ſon voyage paroît ne pas approuver cette hardieſſe : cependant s'il eſt permis quelquefois de n'être pas de l'avis d'un habile homme, ne pourai-je pas dire que puiſqu'il y auroit eu irrégularité d'une façon comme de l'autre, nous ne devons pas ſçavoir mauvais gré au peintre de nous avoir donné à connoître un petit myſtère, qui par ſa nouveauté dans l'exécution nous procure une ſurpriſe agréable.

La ſalle de Théâtre ne doit pas être oubliée, ſi elle eſt petite elle n'en eſt pas moins élégante, bien proportionnée, & d'un goût à-peu-près ſemblable à celle de Bologne.

La citadelle où nous avons pris le plaiſir de la promenade ainſi que tous le notables de la Ville, nous a fait juger par nombre d'échantillons aimables que le ſexe n'eſt point dépourvu d'appas.

L'on nous avoit prévenu avec raison de la pureté du langage annexé à cette Ville : effectivement c'est le seul endroit où nous nous soyions apperçus que nous sçavions la langue Italienne méthodiquement.

De Sienne nous étions déja transportés en idée à Florence, mais non en réalité : une journée de neuf bonnes heures de marche, & une matinée de six en furent la preuve. Si les chemins bordés d'arbres & de haies odoriférantes nous ont procuré une sensation agréable, nous l'avons d'ailleurs payé chérement & nos oreilles ont été furieusement étourdies & fatiguées,

Par les innombrables essains,
De cet insecte sans prudence,
Que le fabuliste de France,
Dans ses vers naturels & fins,
Taxe d'aimer tant la musique,
Qu'à chanter il perd tout son tems,
Au lieu d'employer les instans
A se parer du besoin famélique.

Si la fontaine a bien voulu prendre ce cri aigu pour un chant, c'est un effet de ſa complaiſance, d'autant qu'il n'eſt pas certain que ce ſon ſorte des poulmons de la cigale, mais plus probablement qu'il eſt produit par un frotement précipité de deux petites aîles convexes qu'elle porte ſur le dos; qu'il en ſoit ainſi ou autrement, ce petit animal n'en eſt pas moins auſſi à redouter que les autres inſectes qui peuplent ce pays.

Nous nous ſommes apperçus facilement, à la porte de Florence, par la cérémonie déplaiſante de l'ouverture de nos malles, que nous entrions dans une Ville de conſéquence. Je t'avoue ingénument que malgré la réputation dont jouit cette Ville, de poſſéder de très-belles choſes, notre premiere curioſité a eu pour objet les bonnes choſes, plutôt que les belles, & la cuiſine a eu la préférence ſur les cabinets. Nous n'avons pas eu lieu de nous en repentir, mais nous n'avons pas négligé le reſte. Bien-tôt un Ciceroni Florentin eſt venu nous offrir ſes ſervices que nous avons acceptés, & nous nous ſommes mis en marche.

Nos premiers pas ont été dirigés vers les Temples, comme les objets de décoration les plus intéressans, mais notre conducteur n'a pas été satisfait de nous voir regarder assez froidement les Eglises de sa Ville : gens qui viennent de voir à Rome le Saint Pierre du Vatican, doivent être peu affectés de ce qu'ils voyent ensuite dans ce genre. Si nous nous sommes arrêtés, ce n'a été que pour admirer le travail d'une porte de bronze qui ferme le Baptistaire de la Cathédrale ; la Cathédrale elle même a quelque chose de singulier, c'est qu'outre qu'elle est bâtie en assises alternatives de marbre noir & blanc, son clocher est construit avec des marbres de diverses couleurs. L'Eglise dite de l'*Annonciata* a mérité notre attention par des beautés d'autre nature, c'est le tableau renommé de la Madône *Del Sacco* peint à fresque par André del Sarte ; on a désigné ainsi ce tableau, parce qu'il y a effectivement un gros sac représenté ; le sujet est la Vierge se reposant avec Saint Joseph, &c.

Le plan de la Ville de Florence est presque circulaire, ainsi que nous l'avons pu remarquer du haut d'une tour où nous sommes montés pour découvrir le pays à la ronde. Elle est environnée de montagnes qui la ceignent sans trop la reserrer, & laissent un espace considérable bien meublé de maisons de plaisance qui rendent ses environs agréables. Le dedans de la Ville quoique noblement bâti ne nous a pas fait une impression de gayeté pareille à celle que nous avons éprouvée dans plusieurs autres petites Villes bien moins considérables. Je ne sçais trop à quoi attribuer cet effet; peut-être n'est elle pas assez peuplée pour son étendue, on n'y compte que 60000 ames; peut-être la hauteur des Palais & la saillie considérable de leur toits, ainsi que de la plupart des pierres qui forment les murailles suivant le goût toscan, qui annonce la pesanteur, contribuent-ils à cette sensation, & plutôt encore la couleur grise obscure de la pierre que l'on employe à la construction de tous les Edifices. Ce petit défaut qui ne résidoit peut-être que dans notre imagination, ne nous a pas empêché de trouver cette Ville belle, comme elle l'eſt effectivement. Ses Ponts ſont beaux & hardis, ſes rues ſont bien percées & pavées de pierres très-larges & unies, ce qui contribue à la propreté; la plupart des carrefours ſont ornés de ſtatues & de groupes dont pluſieurs ſont de la main de Michel-Ange. La place dite du vieux Palais, & ſa fontaine ſont auſſi bien décorées; le goût des fenêtres ceintrées qui ſont employées preſque partout ne nous a pas flatté, cette forme paroît devoir être conſacrée aux Egliſes particulierement, plutôt qu'aux maiſons des citoyens.

La porte du côté de Bologne eſt magnifiquement décorée par un Arc de triomphe élevé, dit-on, il y a environ vingt ans, en l'honneur de l'Empereur dont la Statue Equeſtre fait le couronnement de tout l'Edifice.

Ce morceau eſt fort beau, il eſt ainſi que toute la Ville conſtruit de pierre griſe, & les ſtatues de ſtuc blanc ſe relevent d'autant plus ſur le fond obſcur. Trois belles allées ou avenues aboutiſſant à cette porte en forme de patte d'oie procurent un promenade agréable aux gens du bel air; & c'est là le rendez-vous des élégans & des équipages.

Là, nous avons vû le Marquis
Et le Baron, & la Comtesse;
Et des Crésus de moindre espéce;
Etaler de riches habits;
Et leurs valets bleus, verds, jaunes ou gris;
Comme à Paris, affichant la paresse.
Nous avons vu l'Adonis du bon ton,
Conduisant ses coursiers à flottante criniére:
Et sous son leste Phaéton,
Faisant voler des monceaux de poussiere.
Nous avons vû la Florentine altiére,
Rafraichissant son gentil bec
Avec la tasse de sorbec,
Qu'elle reçoit à sa portiére

Ne va pas me chicanner sur le sorbec, & songe que les rimeurs prennent des licences.

Nous avons vu .... ma foi nous n'avons rien vu qui ne se voie à Paris tous les jours. Par-tout les hommes sont hommes & les femmes sont femmes. Celles de Florence sont de figure assez aimable & de caractere fier à ce qu'on dit : cependant la société de cette Ville passe pour charmante ; c'est ce dont malheureusement nous n'avons pas eu le loisir de juger par nous-mêmes : en pareil cas il faut nécessairement un peu de foi pour les écrits des autres.

La salle de spectacle est fort jolie, ainsi que presque toutes celles de ce pays : elle n'a que quatre rangs de loges a vingt-deux par rang. Les Palais particuliers ont tous des beautés qui seroient d'un long examen : nous nous sommes contentés de n'en connoître, pour la plupart, que l'architecture tant extérieure qu'intérieure : mais quant au Palais neuf du Prince, appellé le Palais Pitti, nous l'avons visité avec l'exactitude scrupuleuse qu'il exige.

Son architecture extérieure du côté de la place est de l'ordre toscan le plus lourd, & peut se qualifier de majestueusement triste. Des pierres de sept à huit pieds de longueur excédant en Bossage la fleur de la muraille, sans à peine être dégrossies, donnent à ce bâtiment l'air effrayant d'une prison plutôt que d'un Palais.

La façade du côté de la cour est un peu moins apesantie, mais elle n'est gueres plus élégante. Les colonnes dont elle est ornée sont dans le goût de celles de notre Palais du Luxembourg à Paris, excepté qu'à Florence, les assises alternatives saillantes ne sont point arrondies, & conservent leurs angles, ce qui les rend de beaucoup moins légeres.

Si ces dehors ne nous ont pas beaucoup séduits, nous en avons été bien dédommagés par les beautés du dedans : L'on n'a jamais assez de ses yeux pour y admirer les magnifiques plafonds peints pour la plupart par l'illustre Piétre de Cortone. Si les meubles d'étoffe ne sont pas d'un certain prix, les tableaux des plus excellens maîtres annoncent davantage le goût des choses vraiment préférables : ils y sont prodigués, ainsi que d'autres richesses relatives aux beaux arts, pendules d'un travail ingénieux & rare, candélabres d'argent merveilleusement composés & sculptés, ornemens de miroirs aussi remarquables. On y trouve de magnifiques lustres de cristal de roche, & des coupes d'Agathe ſans nombre d'un travail précieux.

Tu te doutes bien, mon cher, que ce ne ſont pas ces dernieres choſes qui m'ont arrété le plus long tems; je ne les mets jamais en comparaiſon avec l'excellence de la peinture, qui chez moi aura toujours le premier rang; auſſi n'eſt-ce qu'avec un déplaiſir ſingulier que j'ai abandonné ces chœufs-d'œuvres de l'art.

Dans une cour collatérale on nous a fait remarquer une vaſte grotte terminée par une plus petite, comme une choſe peu commune. Les murailles repréſentent des ſujets compoſés de payſages & figures de grandeur humaine en demi-boſſes, & le tout n'eſt exécuté qu'en coquillages & rocailles. Quoique ces compoſitions commencent à ſe dégrader, on ne laiſſe pas d'y trouver des choſes ſingulieres pour l'idée & l'exécution.

Les jardins, ſans pouvoir être cités comme merveilleux, ont des beautés qui leur ſont propres : leur longueur ſurpaſſe de beaucoup leur largeur : l'allée principale ornée de ſtatues de chaque côté, & ſa pente aſſez ſenſible, rappelle volontiers l'idée du gazon verd de notre Verſailles. Elle eſt agréablement terminée par une iſle enchantée de forme ronde, où les Citroniers & mille fleurs variées font un brillant effet. En ſe rapprochant du Palais, eſt une autre allée aſſez large ſur un des côtés de laquelle ſont pluſieurs ouvertures grillées en fer, & décorées, qui laiſſent voir pluſieurs petits jardins contigus ſoignés avec attention. Ce ſont autant de loges formant ménagerie, où ſont nourris nombre d'animaux curieux. Celui dont la forme m'a paru la plus extraordinaire, eſt le mouton d'Egypte. Les mâles portent une queue de neuf à dix pouces de largeur, & ſuſpendue en deſſous par une peau qui l'attache aux cuiſſes. Cette queue a une eſpece de ſimilitude avec une veſſie, & ſemble être demi-platte & bourſouflée de vent.

Le Palais du Prince, nommé le vieux Palais, n'a rien qui mérite un détail particulier; ſon goût d'architecture eſt beau, & ſa forme par conſéquent peſante à l'œil.

Mais d'un morceau d'autre nature,
Je veux te faire le détail,
C'eſt entreprendre un grand travail.
Il faut d'un lieu de ſépulture,
Tacher de tracer le tableau.
Cet objet n'eſt pas aſſez beau,
Va s'écrier ta Seigneurie,
Pour qu'un Poëte verſiffie:
Si vous penſiez ainſi vraiment,
Je vous dirais ſans compliment,
Mon beau Monſieur, que la caboche
Chez vous manifeſtement cloche:
En tout genre il eſt des beautés
Que l'œil impartial admire;
Quelques petits cerveaux gâtés,
Peut-être oſeront contredire,
Mais les eſprits mieux partagés
Des tiranniques préjugés
Jamais n'ont reconnu l'empire:
Or, mettons nous entrain d'écrire.
Dans l'Egliſe de Saint Laurent
Eſt un ſuperbe bâtiment,
Une ſomptueuſe Chapelle,
Qui, dès long-tems, déja, recéle
Et ſans doute recélera
Tant que le monde durera
Des Médicis, cette tige puiſſante,
Les ſquelettes bien gaudronés.

Pour ces os jadis couronnés,
Une dépense incroyable, éclatante,
De tous côtés présente aux yeux
Tout ce que l'art & la nature
Ont produit de plus précieux.
Le marbre imitant la peinture,
Etonne par le coloris
De ses rapports exactement précis.
Le mur élevé sur huit faces,
Voit chacune de ses surfaces
Briller par les paneaux luisans,
De tous ces marbres différens,
Des Médicis chaque Ville sujette,
Indique dans un Ecusson
Et ses armes, & son Blazon :
D'un branchage d'une fleurette,
L'ingénueux tortillement,
L'or moulu semé prudemment,
Relévent avec avantage
Les cartouches de cet ouvrage.
Que l'œil s'éleve à six pieds de hauteur,
Des niches aussitôt d'une grandeur étrange
Lui présentent l'aspecte flatteur
Des chefs d'œuvres de Michel-Ange;
Il admire le noble & la simplicité,
Les beaux contours, la hardiesse,
Ces tombeaux profilés toujours avec sagesse,
Et le granite dur par le ciseau dompté.

Le bronze saisissant des traits la vérité,
Semble rappeller à la vie
Ces grands hommes dont l'effigie
Imprime le respect à la postérité.

Il n'y a pas jusqu'au plancher que l'on foule aux pieds, où l'on n'aperçoive le goût de la magnificence signalée, & le projet formé de faire de cette Chapelle sépulchrale une chose unique: mais il s'en faut encore de beaucoup qu'elle soit à son point de perfection. La coupole n'est point achevée, l'Autel n'est pas construit, quoique l'on voye déjà dans la galerie du grand Duc, le Tabernacle où les pierres précieuses & les plus riches métaux concourent pour former des desseins, des tableaux & des reliefs de la plus grande somptuosité, & le devant d'Autel qui est pareillement tout or & pierreries.

La Sacristie de la même Eglise de saint Laurent possede deux autres magnifiques tombeaux de Michel Ange, qui brillent principalement par les statues dont ils sont surmontés, & qui sont fréquemment dessinés par les jeunes Artistes.

Après le détail que je viens de te faire, quoiqu'en bref, de ces ouvrages si dispendieux, tu ne t'attendrois pas volontiers à l'énumération d'une plus grande quantité de richesses, si l'univers ne rétentissoit pas de l'opulence inestimable de cette gallerie qui est bien capable de donner de la jalousie à beaucoup de Souverains.

J'ai vu cette merveille du monde; mais puis-je dire que j'ai vu réellement une chose qui demanderoit des mois entiers d'un examen réfléchi, pour en pouvoir estimer les beautés. Cette galerie compose le second étage d'un bâtiment quarré-long, ouvert par un bout, dont l'espace compris entre les élévations, forme une petite place un peu dans le goût de celle de Venise, sans pourtant prétendre les comparer aucunement.

Le Rez-de-chaussée soutenu par des colonnades & des masses quarrés avec niches. est occupé par les Tribunaux de Justice & la monnoie. Le premier étage est destiné à ces Ouvriers patiens qui exécutent avec une intelligence merveilleuse cette Mosaïque si singulière toute formée de parcelles des pierres précieuſes les plus rares, que l'on entame & que l'on diviſe pour y chercher la nuance de couleur requiſe pour tel point du tableau qu'il eſt queſtion d'exprimer.

Ce que l'on nomme la Galerie du Grand Duc comprend non-ſeulement une eſpece de corridor formant galerie par ſon extrême longueur & les ornemens qui y ſont contenus, mais auſſi dix ou douze pieces contigues à cette galerie, qui renferment les choſes principales.

Le nombre des ſtatues antiques & des buſtes rares qui parent les deux côtés de ce qui forme vraiment galerie, eſt trop conſidérable pour les citer toutes.

Ce qui nous a frappé le plus ſont les buſtes de Ciceron, Séneque, Alexandre mourant, Aneius Vérus, Géta, & la Maîtreſſe de Michel Ange, &c. Quant aux tableaux & autres curioſités contenues dans les appartemens, s'il n'eſt pas poſſible de les nombrer, je ne peux me diſpenſer de parler du moins de quelques-unes pour te mettre à portée de juger du reſte par conjecture.

Une des pieces de ces appartemens est consacrée aux médailles & aux camées, dont le nombre est immense & le travail exquis.

Une autre aux meubles & outils dont les Anciens se servoient dans leurs sacrifices, comme couteaux, bassins, lampadaires & autres, le tout en bronze, cuivre & autres matieres solides.

Une troisieme piece renferme des porcelaines de toutes couleurs, entre lesquelles on nous a fait remarquer les vertes comme les plus estimées, mais j'avoue que j'avois besoin des lumieres de plus grands connoîsseurs que moi pour fixer mes idées sur ces vases fragiles.

J'ai admiré avec plus de complaisance une table de pieces de rapport en marbre & pierres précieuses, dont le travail est bien digne de la richesse de la matiere, & produit une agréable illusion.

Une quatrieme contient des instrumens de Physique & de Géométrie, entre lesquels sont deux globes d'une grosseur extraordinaire. On y voit un beau plafond peint par Zuccari. Un objet de moindre conséquence ne manque pas de fixer l'attention des spectateurs ; c'est un petit tableau d'optique combinée, où les objets différens qui sont vus au premier coup d'œil, concourent, par le moyen d'une lunette fixée au-devant de la toile, à former une figure nouvelle qui semble n'avoir rien de commun avec ces mêmes objets vus d'abord. Cette opération mystérieuse a été récemment pratiquée avec succès par un de nos jeunes Peintres à Paris, & a d'autant plus mérité les suffrages du public, que le sujet étoit en l'honneur de Louis le bien aimé. Il faut pourtant convenir que ce travail ne peut être que de pur agrément, ou plutôt d'amusement, car le tableau en lui-même peint pour produire un tel effet, ne sera jamais qu'un tableau médiocre quant aux belles parties de la peinture.

Une grande quantité de tableaux des meilleurs Maîtres flamands ornent une cinquieme piece, au milieu de laquelle est un armoire d'Ebene en cabinet, enrichie de soixante & douze petits tableaux peins à huile par Breugeis, ſur des lapis & autres pierres rares ſervant de fond. Les figures, pour la plupart ſont d'une proportion ſi mignone, que l'œil peut à peine les appercevoir.

Une autre piece eſt tapiſſée des deſſeins des plus grans Compoſiteurs: nous y avons remarqué deux jugemens derniers de Michel Ange, une Madone par André del Sarte, la tentation de Saint Antoine par Callot, &c. Plus beaucoup de petits tableaux très-fins, entre leſquels on peut comprendre une ſuite de petits ſujets, tant à huile qu'en miniature, aſſemblés cinq à cinq dans des cadres enfermés dans une petite armoire portative. Ces cadres ſervoient, dit-on, de tapiſſerie à un Médicis Cardinal, lorſqu'il étoit obligé d'aller au Conclave pour l'election d'un Pape. Dans cette même chambre eſt en outre une armoire remplie de pierres précieuſes, une ſtatue hermaphrodite ſemblable à celle de la *Villa* Borghèſe à Rome, une tête de Cromvel moulée, dit-on, en cire ſur luimême. *Item* un bloc de marbre haut de de quatre pieds environ, & gros à proportion, terminé par des cuisses & des pieds de dragon, & annonçant par sa partie supérieure le Dieu Priape si vénéré par les anciens, & si fatigué par les modernes. Cette croustilleuse Divinité est ordinairement couverte d'une robe de toile attachée à une tête de Lion de carton vuide en dedans : on ne la montre pas volontiers, & sans en être requis aux Dames,

> Qui voyant la proportion
> Et la grandeur recommandable
> De cet antique respectable,
> Tourneroient en dérision,
> Aujourd'hui, tous les Dieux de pareille nature
> Dont si mignone est la structure ;
> Et regagneroient leur logis,
> Le cœur tout gonflé de tristesse,
> Gémissant sur l'humaine espéce,
> Et le malheur de leurs maris.

Dans une piece voisine de la derniere, outre plusieurs bons tableaux, sont deux armoires fermées de glaces, contenant des ouvrages d'ivoire surprenans, les uns par la correction du deſſein, quant aux figures ſculptées, les autres par leur délicateſſe portée au point que pluſieurs le diſputent à la fineſſe des cheveux. Si ces objets amuſent un inſtant, on eſt bien-tôt atriſté par d'autres que renferment deux grandes boëtes quarrées fermées de glaces. Le ſujet que l'on voit dans la premiere, eſt une peſte; une femme dévorant ſon propre bras par l'excès de la faim, un enfant gémiſſant de ne pouvoir tirer le lait des mamelles de ſa mere qui ne vit plus, ſont les deux figures les plus remarquables, bien que les autres ſoient auſſi bien traitées. Quant au ſujet contenu dans la ſeconde, le ſouvenir ſeul excite chez moi le frémiſſement de l'horreur: ce ſont les ſept degrés ſucceſſifs de la putréfaction & de la diſſolution du corps humain. Le tems placé ſur le devant montre avec le doigt quel eſt ſon pouvoir ſur les ſept cadavres différens tant de ſexe que d'âge, & marqués chacun du caractère diſtinctif du degré de pourriture, ſoit par la couleur, ſoit par le déchirement ou par le deſſéchement, ſoit par les accidens de rencontre comme vers, rats, ſang, lambeaux & autres de pareil genre, Ces compoſitions quoique purement de cire coloriée & même d'une proportion très-petite, ſont de la vérité la plus effrayante, & mériteroient par une raiſon bien oppoſée à celle qui fait cacher le Dieu des Egyptiens dont j'ai parlé plus haut, d'être voilées d'un rideau qui les rendit moins expoſées aux regards, & prévint les effets dangereux qu'elle peuvent produire ſur des ames faciles à ébranler. Une autre caiſſe moins grande contient une tête groſſe comme nature, en cire coloriée, anatomiſée, & non moins vraie que les figures précédentes, mais du moins on peut l'examiner ſans dégoût.

Nous avons détourné avec plaiſir nos yeux de deſſus ces affreuſes beautés, pour les fixer ſur une de ces tables de raport en oiſeaux, fleurs, fruits, & payſages qui doivent couter des ſommes immenſes, ainſi que j'en crois pouvoir juger par l'échantillon d'un petit tableau en moſaïque, de cinq pouces environ de longueur ſur trois de largeur, qui indépendamment de la matiére avoit déja conſommé quatre mois du tems de l'ouvrier.

Outre ces chambres, ſont deux ſallons; l'un quarré, contenant les portraits des plus habiles peintres anciens, faits par eux mêmes, & d'une grande partie des modernes.

Le ſecond ſallon eſt celui que l'on peut appeller le ſallon par excellence. Son plan eſt octogone, ſon architecture belle & noble; ſa voûte percée de ſept fenêtres décorées richement eſt recouverte en dedans de petites coquilles formées de nacre de perle blanche ſur un fond de nacre de perle rouge. Le plancher inférieur eſt de divers marbres de raport à grands ramages.

Au milieu du ſallon eſt une table dont le fond de pierre de touche eſt recouvert de pierre de calcédoine tranſparente, de marbres & de pierres précieuſes à piéces de raport, dans le goût de celles dont j'ai déja parlé.

Les murailles ſont couvertes, à la hauteur de l'œil, de petits tableaux de grand prix, peints par les Myris, les Scalz, les Gerardow, & autres de cette volée.

A un degré plus haut d'élévation, des ſujets plus grands, peints par les Corrège, les Paul Véronèſe, les Anibal Carrache, les Titiens, & autres diſputent entr'eux à qui fixera plus long-tems les connoiſſeurs. Il en eſt un d'une reputation ſupérieure, qui caché pour l'ordinaire par un autre de même grandeur, & compoſition, ſéduit la vue, auſſitôt qu'à l'aide d'un cordon, le premier s'enleve, & lui laiſſe le champ libre. On voit alors ſur un drap,

Nonchalamment étendue,
Une femme preſque nue,
Tenant des fleurs d'un main
Qu'elle approche de ſon ſein,
Et voulant cacher, de l'autre,
L'endroit où tout bon Apôtre,
Par deſir voluptueux,
Promène d'abord ſes yeux.
Partout, cette Nymphe étale
De la beauté ſans égale,
Les raports les plus complets;
Régularité des traits,

Graces, ſçavante ſouppleſſe,
Myſtérieuſe fineſſe :
Tout à vie en ce tableau :
Et la nature en ſon beau
Ne pouvait être rendue,
D'une main plus ingénue.

Ce morceau eſt le chef-d'œuvre du célebre Titien, peint pour le déſeſpoir des modernes, & l'immortalité de l'auteur.

Sur une tablette regnant le long de la muraille eſt une ample collection de petits bronzes & marbres antiques, & de petits buſtes en pierres précieuſes, dont le plus étonnant eſt une tête de Tybére faite d'une ſeule turquoiſe d'une groſſeur unique.

Au pied du mur ſont des bronzes & des figures en marbre de petite nature, mais de grands maîtres.

A quelques ſix pieds de diſtance des murailles, ſont cinq pied'eſtaux, ſupportant les cinq morceaux antitiques Grecs ſi connus par leur ſupériorité. Une Vénus ſortant du bain, les deux Gladiateurs pugiles, le Faune danſant & jouant des caſcagnettes, le Rémouleur, & enfin la fameuſe

Vénus dite Médicis, par excellence, qui a été tant de fois copiée & imitée comme le *non plus ultra* de la sculpture. Cette statue est si élégante, si svelte, a des contours si fins & si coulans, qu'elle ne paroit que de moyenne nature, bien qu'elle soit effectivement de six pieds environ de proportion.

Ces chefs-d'œuvres dont un seul feroit la fortune de plusieurs particuliers, semblent dans ce Palais, n'occuper qu'une place quelconque, ainsi que toutes les autres richesses qui y abondent. Tout auprès sont deux grandes armoires, l'une remplie de vases, coupes, urnes, vaisseaux antiques de diverses formes, & de grandeur singuliere en agathe, lapis, cristal de roche, sans compter les camées. La seconde en forme de cabinet, est ornée de rubis, d'éméraudes, & bas-reliefs en or ciselé du plus grand prix.

Trois grandes salles voisines contiennent les armes, les ustenciles de guerre tant à pied qu'à cheval, dont la plupart ont été pris sur les Turcs. Dans ce nombre, ce que nous avons pu remarquer davantage eſt un fuſil à canon d'or, des étriers pareillement d'or, des piſtolets à douze canons, & tenant dans un chapeau; &c. —— La choſe la plus curieuſe par ſa deſtination, & que l'on ne montre qu'avec myſtère, ce ſont,

Certains meubles déplaiſans,
Durs ennemis des galans,
Meubles que la jalouſie,
Ce monſtre plein de furie,
Dans ſa rage compoſa,
Polit, contourna, lima,
Pour le déſeſpoir du ſexe,
Qui depuis ce tems perplexe,
Brûle, en vain, d'un chaud deſir,
Et voit mourir le plaiſir.
De la groteſque ſerrure,
Maris, les clefs en vos mains,
Sont gages faux, je vous jure;
Amour fertile en deſſeins,
Tôt, ou tard avec uſure,
De l'affront ſe vengera,
Le cadenat ouvrira,
De la viſible coëffure,
Votre chef affublera,
Et le blondin jouira.

Une longue expérience a depuis long-tems prouvé l'inutilité de cette méthode ; aussi paroît-il que cet instrument ne fait plus fortune ; & ne sert dans les magazins qu'à indiquer le costume. Tout à la fin se civilise, & les Dames Italiennes sont aujourd'hui autant maîtresses de leur patrimoine que celles de France.

Lorsque l'on a couronné, si je peux user de ce terme, la curiosité dans Florence par la galerie, il faut en sortir. C'est aussi ce que nous avons fait le Dimanche 17 Juillet à quatre heures du soir. Des chemins agréables bordés de vignes & de haies, des Villages bien bâtis, meublés de beautés moutonieres, élégamment enrubantées, nous ont conduit joyeusement jusqu'à la petite Ville de Prato, où nous avons mis pied à terre sur les huit heures. Les maisons, les rues, les places, les fontaines, la Cathédrale bâtie de marbre gris & de marbre blanc, la Chapelle où est gardée la ceinture de la Vierge, tout nous parut de bon goût ; mais le meilleur, relatif à notre bien être personnel, fut la maison où nous fûmes hébergés.

C'étoit celle du maître de notre équipage roulant. A notre arrivée tout fut en mouvement : une mere encore fraiche & de valeur, trois filles aimables s'empresserent à nous servir.

L'une voulait arracher la botine
Et se baissant laissait voir un téton,
Qui du voyageur peu caton,
Bien que las, égaya la mine.
On brisait tout dans la cuisine
Pour appréter le fricandeau,
Pour metre en broche l'aloyau :
On aveignit, oignon, beure, farine,
Et le sel bien pulvérisé ;
Sur le charbon fortement embrâsé,
Le pigeon grille en crapaudine.
Une Nymphe à taille divine,
De vin apportant un flacon,
Soutenu d'une blanche assiette,
Présente une fine serviette,
De pain tendre un friand croûton,
En attendant la fricassée.
La troisiéme, autant empressée,
D'un air joyeux & résolu,
Le bras, jusques au coude, nu,
Etend des draps blancs de lessive,
Remue & la plume & le crin ;

Son œil noir, sa démarche active
Annoncent un peu le lutin,
Et nous eussions, de grand courage,
Avec elle, défait l'ouvrage
Qu'elle venoit à peine de finir;
Mais force étoit d'étouffer le desir.
Du ris gras cependant est posé sur la table;
Notre hôte, avec un air affable,
Vient nous presser d'y faire honneur:
Notre Française Seigneurie
Accepte l'offre de grand cœur,
Et bien-tôt la dent officie.
Toute l'aimable compagnie
Assiste à ce petit couvert;
Bacchus par les graces offert,
Nous prodigue son ambroisie:
Sur nous tous les yeux sont fixés,
Mais nous leur rendons bien le change,
Et quoique chaque A.... mange,
De tous les mets bien apprêtés,
Avec beaucoup de gourmandise,
Le démon de la paillardise
Sourdement travaille en leur cœur,
Et leur fait convoiter & l'une & l'autre sœur.
C'est là qu'il eut fallu gentil langage,
Mais du patois Italien
Nous n'avions pas assez l'usage,
Pour pouvoir le mener à bien.

Drôle étoit notre bavardage ;
L'indulgence étoit de ſaiſon ;
Mais pour le louangeur toujours eſt l'avantage;
Et fille que l'on fête, aiſément du jargon,
Quoique fautif, ſe trouve fort contente.
A la maman encore appétiſſante,
Il fallut faire un doigt de cour :
Nous bûmes plus d'une razade,
Chaque ſanté vint à ſon tour,
Non ſans l'accompagner d'œillade.
Trop-tôt notre repas finit ;
L'on nous preſſe d'aller au lit
Repoſer nos membres à l'aiſe ;
La propreté brillait dans tout l'ameublement,
Mais à qui ſe ſent tout de braiſe,
Mieux vaut tendron que bel appartement.

C'eſt juſtement ce que l'on ne jugea pas à-propos de nous donner. Il nous fut force de macher à vuide, & de nous mettre en devoir de nous coucher. Mais le pis fut que notre place à table fut priſe par toute l'aimable famille, qui ne dédaigna pas d'y admettre, & notre cocher, & notre valet de chambre : le drôle pût ſe vanter d'être mieux traité que ſes maîtres.

Par le pertuis de la ſerrure
Nous vîmes ce faquin heureux,
Faiſant à ſon tour les doux yeux
A la gentille créature.
On en vint bien-tôt aux chanſons,
Chacun ſe mit de la partie,
Et par d'étranges uniſſons,
Notre oreille fut étourdie.

Nous nous gliſsâmes dans les toiles au bruit de cette muſique diſſonnante, le dépit dans l'ame. Notre ſommeil ne fut pas des plus complets, ſoit par l'image voltigeante des fillettes, ſoit par leurs puces qui nous mordoient, ſoit par la fermeté trop grande des matelats qui ne répondoient point à l'apparence des houſſes, & notre réveil ne fut point accompagné du délaſſement.

Pendant notre toilette, un déjeuner ſe préparoit, non en forme ordinaire, mais de ces déjeuners qui doivent vous ôter l'appétit pour long tems. Il devoit effectivement nous tenir lieu du diner. Il fut ſervi par nos mêmes apprêteuſes, & avec autant d'empreſſement que le ſouper de la veille. Nous nous en acquittâmes de notre mieux, & ſur les onze heures nous prîmes congé de nos charmantes hoteſſes, non ſans regret. Mon camarade brilla par un compliment élégamment tourné: pour moi je me contentai d'une embraſſade générale qui me tint lieu d'éloquence, & me procura plus de profit.

Le chemin de cette journée fut agréable quoique un peu rude, & la chaleur ſupportable. Nous vîmes en paſſant debout, c'eſt-à-dire ſans nous arrêter, & eſcortés d'un Commis de barriere, la petite ville de Piſtoïa, qui nous ſembla aſſez jolie, mais aſſez déſerte. Sur les cinq heures & demie du ſoir nous deſcendîmes au bourg d'Abugiano, qui n'a eu de mémorable, quant à nous, qu'une hoteſſe fort jolie, chez qui nous fûmes bien ſervis, & qui avoit à ſes gages un valet d'écurie, dont la rencontre ſervit à mon amuſement.

Ce Ruſtre armé d'un violon
En ce moment, au lieu d'étriile,
Ne laiſſait pas, vigoureux drille,
De faire un ſçavant carillon.

En confreres nous nous traitâmes,
Je le grattai ſur ſon talent,
Il ſavoura le compliment,
Et bien-tôt, nous nous meſurâmes.

Quoique depuis mon départ de Paris, mes doigts ſe fuſſent engourdis, il parut content de mon ſavoir, & me fit la grace de me dire que j'en jouois joliment pour un François. Un propos auſſi flateur méritoit ſans doute de la reconnoiſſance de ma part : pour le payer en même monnoie, je témoignai avoir envie de l'entendre encore s'eſcrimer harmoniquement. Il ne ſe fit pas prier, & je penſai être la dupe de ma complaiſance, car ce fut le diable enſuite pour le faire taire.

Le lendemain la petite ville républicaine de Lucques nous reçut dans ſes murs ſur les neuf heures du matin. La ſentinelle fit la cérémonie d'uſage de demander nos noms, & nous laiſſa paſſer *tout de go*, après y avoir ſatisfait, ſans billet de conſigne, ce qui eut lieu de me ſurprendre.

Cette Ville de peu d'étendue, &

bâtie peu réguliérement dans certaines parties, ne laisse pas que d'avoir de belles fortifications & des remparts flateurs tant par les allées d'arbres qui ornent les flancs, & se rassemblent en bouquet sur les bastions, que par la vue des jardins potagers qui l'environnent, de la belle vallée qui s'étend plus au loin, & des coteaux montagneux richement cultivés & couverts de maisons de plaisance.

Le Palais du prince (ou Gonfalonier) est vaste, noblement bâti en pierre grise, avec galeries haut & bas soutenues de pilastres. Il renferme les salles de Justice, une salle d'armes, & des magasins pour l'utilité publique. Nous n'avons pas eu l'avantage de voir le Prince actuel: quant aux Conseillers du Conseil, nous en avons rencontré plusieurs: leur habillement est de soie noire: ils portent un manteau assez long, un petit tablier plissé au-tour des cuisses en forme de coureur, les cheveux longs par derriere, séparés en deux parties, dont chacune est terminée par un nœud. On estime la population de cette Ville à trente-trois mille âmes environ. La garnifon qu'elle entretient pour fa sûreté, eft de quatre cens hommes, & la garde du Prince n'eft que de foixante Suiffes. Les denrées néceffaires à la vie font d'un prix cher, & nous avons payé magnifiquement un dîner très-peu magnifique. La Cathédrale eft bâtie en affifes noires & blanches, ainfi que plufieurs autres dont j'ai parlé ci-devant, c'eft le goût dominant du pays. Cette Eglife n'a rien de remarquable au-dedans, fi-non un crucifix miraculeux trouvé jadis fans tête par le Magifter *in Ifraël* M. Nicodème fi connu, lequel crucifix alla pendant le fommeil dudit Nicodème, chercher fa tête où il l'avoit oubliée, pour attraper notre Magifter, qui fut effectivement on ne peut plus ftupéfait à fon réveil, de voir une tête fur des épaules où il n'y en avoit point. Ne vas pas me demander des authenticités fur cette hiftoire, car tous les habitans s'annoncent pour être caution du fait.

De Lucques à Pize il n'y a que quatre heures environ de marche dans une plaine affez douce.

Les choſes que l'on va voir ſont la Cathédrale aſſez bien bâtie en marbre noir & blanc, avec un portail de goût gothique à pluſieurs rangs de petites colonnes l'une ſur l'autre. Tout l'intérieur du vaiſſeau eſt ſoutenu par de fortes colonnes de vieux Granite. Le Baptiſtaire mérite d'être vu; ſa forme eſt ronde: un rang de belles colonnes écartées en cercle de dix ou douze pieds de la muraille, en ſoutient un ſecond de même eſpece, qui, à ſon tour, ſoutient & porte la coupole.

Le *Campo ſanto* eſt une eſpece de cloître fort grand, dont le plan eſt un quarré long : les murailles ſont ornées de peintures à freſque maintenant preſque effacées. Le long des murs ſont pluſieurs tombeaux antiques, dont la pierre eſt de marbre, & la forme tient de celle d'une baignoire.

L'eſpace vuide qui occupe le milieu de ce cloître, eſt, dit-on, rempli de terre ſainte, apportée exprès ſur des vaiſſeaux. Je ne ſçais ſi depuis le tems elle ſubſiſte la même, & n'a pas été enlevée par les ames dévotes, on ne le dit pas.

Le Maître-Autel de l'Eglise des Chevaliers de Saint Etienne, qui autrefois alloient en course sur les infideles, est un morceau curieux tant par l'architecture que par la matiere qui n'est autre que le marbre Porphire.

La ville de Pise est assez bien bâtie & dans une position agréable: l'Arno y coule entre deux quais fort longs qui se communiquent par trois ponts, dont celui qui occupe le milieu est de marbre. Ce canal a beaucoup de ressemblance avec celui que forme la Seine vers le Pont neuf; mais malheureusement pour Pise on n'y voit point un Louvre avec ses galeries. Les Parapets qui bordent les quais sont si haut, que l'on ne peut voir couler le fleuve qu'en montant sur un trotoir qui ne comporte qu'un pied de largeur au plus. Près des ponts sont des caffés de médiocre étendue, & abondamment garnis tant dehors que dedans, de nouvellistes & de jolis cœurs en soie & talons rouges. Les femmes sont de figure aimable, & connoiſſent le prix que donne un ajuſtement de bon goût.

Le morceau le plus vanté de cette Ville eſt ſa tour qui ſubſiſte depuis long-tems ſans s'écrouler, quoique d'un côté elle ait douze pieds au moins de fruit, & menace d'écraſer les maiſons & les hommes.

Cette tour, ſi l'on en croit certains Olibrius, qui à force de vouloir trop prouver, ne prouvent rien, a été ainſi conſtruite à deſſein par l'Architecte, pour faire briller ſa connoiſſance des forces centrales & de l'aplomb; mais ſi l'on en croit ſon jugement perſonnel, elle n'a ainſi verſé que par l'ignorance dudit ouvrier, qui n'a pas connu & ſondé la nature du ſol ſur lequel il établiſſoit ſes fondemens, & qui a été forcé de céder ſous le poids. Quoiqu'il en ſoit, la tour n'en eſt pas moins belle; elle eſt fort groſſe & conſtruite de marbre blanc. Huit rangs de colonnes l'un au-deſſus de l'autre, & diſtans de la muraille de ſix pieds environ, forment un aſpect d'une grande nobleſſe. Le haut n'eſt point couvert,

& lorſqu'on a monté les deux cent cinquante marches qui conduiſent à l'extrémité ſupérieure, l'on ne trouve pour ſe repoſer, que l'épaiſſeur même de la muraille, qui eſt à la vérité arrangée de façon que l'on ne court aucun danger. C'eſt de là que l'on peut promener ſes yeux à loiſir, juſqu'à Livourne & la mer.

On voit à plein le magnifique aqueduc qui amene de cinq milles de diſtance l'eau que l'on boit à Pize. Notre Ciceroni nous a auſſi fait remarquer un bâtiment neuf & conſidérable à la diſtance de deux petites lieues, que le Prince a fait bâtir pour procurer des bains d'eaux chaudes naturelles, dont la ſalubrité eſt reconnue, aux citoyens ou étrangers qui y trouvent les commodités néceſſaires, moyennant une taxe modique, indiquée dans le lieu par un tarif imprimé. Nous avons beaucoup balancé pour aller viſiter cet édifice, dont on fait d'autant plus de cas dans le pays, qu'il eſt de date récente, mais la route en étant oppoſée à celle de Livourne où nous tendions, le desir de se rapprocher de sa patrie l'a enfin emporté sur cette petite curiosité.

Il est certains petits momens
Où le desir de voir se lasse;
La mémoire qui trop entasse
A besoin de délassemens;
De plus en plus l'œil devient difficile,
Par le très-beau précédemment gâté,
Souvent on jette à croix ou pile,
Un monument, une cité.

Une chaussée bien entretenue nous a conduit de Pise à Livorno en quatre heures & demie environ. L'entrée de cette petite Ville nous couta bien des tours & détours pour franchir tous les fossés qui l'environnent.

Nous ne doutions pas qu'il ne nous fallût exhiber les clefs de nos valises & les meubles qu'elles contenoient, ou bien tirer de nos poches quelques paules justificatifs de notre probité; mais nous fûmes agréablement surpris de voir que nous en fussions quittes pour répondre à la question simple qui nous fut faite sur la route que nous comptions prendre: notre réponſe ayant été auſſi ſimple que la demande : la mer ; nous n'avons eſſuyé aucunes chicanes de Commis.

Livourne, quoique fort petite, nous a étonné tant par ſa régularité que par l'élégance de ſes bâtimens, où le marbre ne manque pas, comme de raiſon, vu ſa poſition. Sa gayeté, ſa propreté, ſes jolis ponts, dont un eſt de marbre, lui donnent, pour ainſi dire, un air coquet, & l'on pourroit l'appeller un bijou, ſi ce terme avoit le droit de paſſer ici ſans être critiqué.

Relativement à notre projet d'embarquement, la prudence nous conſeilloit d'aller rendre viſite au Conſul de France, ce que nous fîmes. De-là ſur le champ nous nous rendîmes ſur la grande place à un endroit nommé *la Tromba*, pour voir la liſte où ſont écrits les divers bâtimens qui ſont ſur leur départ. Nous eûmes le chagrin de n'en trouver ſur le catalogue aucun pour la ville de Gènes où nous ſouhaitions de nous rendre au plutôt. Un Patron de Félouque nous vit dans la perplexité, & deſirant nous en tirer à ſon profit, il vint nous propoſer d'accepter ſon bord, en nous promettant grande diligence, moyennant deux ſequins.

M. Berthelet, pour lors Conſul, que nous allâmes conſulter, nous ayant donné de bons témoignages de la probité du Marinier, notre marché avec lui fut bien-tôt conclu; le drôle qui avoit peur de perdre ſa proïe, nous conduiſit à l'inſtant au Bureau où l'on délivre les billets de ſanté, pour nous en munir d'un, ſuivant l'uſage, attendu que ſans ce certificat, on ſeroit difficilement reçu dans les ports, à moins de faire ce que l'on nomme la quarantaine, pour purger l'air de peſte qu'il ſeroit poſſible que l'on apportât, ſi l'on venoit des pays où regne ſouvent ce fleau contagieux. Notre départ fut fixé par le ſuſdit patron au lendemain à quatre heures du matin.

Il eſt juſte que tu m'accordes le tems d'acheter mes proviſions; lorſque l'on s'embarque pour la premiere fois, l'on n'a pas peu d'affaires; ainſi, mon très-cher, au revoir.

LETTRE

LETTRE SEPTIEME.

De Livourne.

TU me crois, mon cher ami, déjà bien loin ſans doute, exposé aux caprices de Neptune, & tu fais des vœux pour la conſervation de celui qui t'eſt attaché par les liens du cœur; réſerve-les pour un moment plus éloigné: je ſuis encore dans Livourne, & j'y ſerai plus que je ne comptois.

Le jour indiqué, dès quatre heures du matin, ainſi que nous l'avions promis, le Patron & un Marinier vinrent effectivement s'emparer de notre bagage, l'emporterent, & nous ſommerent de nous rendre ſans tarder ſur la Felouque de ſon maître; tu ſuppoſe facilement la promptitude avec laquelle nous quittâmes les draps, la négligence de notre toilette, & les enjambées que nous fîmes pour ne point retarder par notre faute l'inſtant ſi attendu. Nous arrivons tout eſſoufflés, notre Laquais encore plus par le poids du paquet dont il étoit porteur : c'étoit lui à qui nous avions confié le ſoin de notre victuaille, bien perſuadés que ſon intérêt perſonnel l'engageroit à ne rien oublier des proviſions uſitées en pareil cas ; il s'en étoit bien acquitté, & ſon ſac contenoit abondamment non des perdrix ni des poulets, mais

De ce ſauciſſon vigoureux,
Où l'ail établit ſon Empire,
Item quelque douzaines d'œufs
Que l'on avoit eu ſoin de cuire,
Juſqu'à parfaite dureté.
Des noix en grande quantité,
Quoique l'on en blâme l'uſage :
Surtout, pain, vin, & le fromage,
Fromage fin, Parmeſan dit,
Dont partout on fait grand récit.

Quel eſt notre étonnement de voir que rien n'annonce le départ ! Des Matelots les uns couroient la Ville, d'autres faiſoient bouillir la tymbale ſur le parapet du port, les autres ronfloient dans la Felouque. Nous peſtons, nous jurons, nous queſtionnons tantôt l'un, tantôt l'autre, & nous n'avons d'autre réponse si non que la mer est mauvaise. Cette phrase est leur grand cheval de bataille, & leur sert d'excuse pour ne partir que quand ils veulent.

Ennuyés de ces mauvais lazzis, & sentant encore mes paupieres appesanties, je profitai d'un matelas que venoit de quitter le Patron, & m'étant étendu dessus, je dis bon soir à mon camarade, à qui morphée ne commandoit pas aussi puissamment qu'à moi, & me préparai à completter ma nuit raccourcie fort mal à propos. Je ne fus pas long-tems à m'appercevoir qu'un lit d'auberge est encore de beaucoup préférable à un grabat de matelot. Le besoin de repos me fit vaincre cependant & la mauvaise odeur de la barque, & celle qu'exhaloient les pipes dont chaque rameur avoit la bouche garnie. Mais sur le midi j'abandonnai de grand cœur ce détestable domicile pour me rendre à l'auberge où mon compagnon s'étoit chargé de commander le diner. Notre après-midi fut employée à visiter plus exactement que nous n'avions fait, la Ville qui nous parut de plus en plus jolie. Un Cicéroni à peau presque noire, s'offrit à nous pour être notre conducteur, & s'acquitta très-bien de son emploi. Nous vîmes le quartier appellé la petite Venise, & à juste titre; il est effectivement coupé de canaux fréquens, & orné d'une infinité de ponts légers qui rappellent l'idée de cette grande Ville républicaine, & s'il y a une différence, ce n'est qu'en gayeté quant à l'aspect, qui est plus grande à Livourne, notre conducteur nous fit voir un des ateliers où l'on fabrique des colliers de corail rouge pour les Levantins. Cette branche de commerce est considérable, mais ces ouvrages sont si imparfaits, qu'ils font regretter la peine que l'on a prise de monter quatre ou cinq étages.

Nous avons été dédommagés par la vue d'une petite Eglise Grecque schismatique, décorée avec une grande quantité d'œufs d'Autruche, & tenue très-propre. On nous l'avoit d'abord annoncée comme Mosquée Turque, mais depuis l'on nous en a déſabuſé, & l'on nous a aſſuré qu'il y avoit quelques années que la Moſquée n'exiſtoit plus.

Un autre petit Temple de cette eſpece a mérité notre attention ; c'eſt la Synagogue des Juifs ; elle paſſe pour une des plus belles. Le jubé de marbre, ainſi que les colonnes, & des lampes d'argent en grande quantité l'ornent aſſez bien ; cependant le peu d'élevation de la voute, & la petiteſſe de l'eſpace que le Temple occupe le rendent peu recommandable.

Les caffés ne manquent pas à Livourne ; c'eſt le rendez-vous des différentes nations, & le lieu où la plupart des affaires ſe traitent & ſe concluent. Les habillemens de toute eſpece forment une variété dont l'œil ſe trouve réjoui ; cependant MM. les Levantins avec leur grand col nu, leurs bras allongés, noirs & ſans linge, leur air en général qui annonce peu de propreté, ſont, ſelon moi, de fort vilains Meſſieurs ; nonobſtant l'air fier avec lequel ils tiennent leur pipe de deux aulnes, dont la fumée empoisonne les gosiers françois.

Comme nous cheminions ainsi assez agréablement dans notre petite Ville, sous la conduite de notre Mentor de louage, à l'instant que nous nous y attendions le moins, nous perdîmes

Ce conducteur si zelé,
Qui tournant un coin de rue
Disparut à notre vue :
Nous le crûmes envolé.
Le seul bruit d'une sonnette
De nous l'avait détaché ;
Notre prunelle inquiette
L'avait, mais en vain, cherché.
Il revint d'un pas agile,
Reprendre sa fonction ;
L'on tira conclusion,
Que le drôle avait fait gile
Par trait d'incrédulité,
Quand le maître du Tonnerre
Devant qui tremble la terre
Parut, sous un dais porté.
Le fait, notre Israélite
Avait fui son Créateur ;
Sur cette race proscrite
Régne une durable erreur ;

Notre plus ſacré myſtère
N'eſt que folie à ſes yeux;
Ainſi le veut celui qui régne dans les Cieux
Pour punir les humains d'un orgueil témé-
raire.

Ce pauvre diable n'eut pas beaucoup de peine à nous inſtruire du motif de ſon évaſion ſubite. Il nous parut comme bien d'autres, la victime des préjugés de l'éducation. Comme nous ne nous ſentions pas aſſez inſpirés pour entreprendre ſa converſion, & que d'ailleurs il eſt ſouvent dangereux d'entâmer ces matieres délicates, nous nous contentâmes de le plaindre ſur ſon malheur : il n'en avoit pas moins du côté de la fortune, & celui-là l'affectoit bien plus que le premier : nous fîmes de notre mieux pour qu'il ne regretat pas les peines qu'il s'étoit données pour nous procurer des amuſemens, il nous quitta fort ſatisfait, & quant à nous, nous n'eûmes rien de plus à cœur que de regagner notre felouque, qui ne nous parut pas plus en mouvement que le matin, malgré les aſſurances données du départ.

Sans être Picards, la Picardie, comme l'on dit, nous monta à la tête; nous lavâmes vigoureusement celle du Patron, qui jouoit à merveille l'embarras & le regret, mais qui probablement rioit *in petto*, de la vivacité Parisienne, & d'autant plus qu'il nous avoit liés par un marché bien signé. Nous n'étions pas tentés de passer la nuit inutillement dans sa maison mobile où tout nous révoltoit, ainsi nous abandonnâmes les gens & leur apartement pour en aller chercher un plus commode à l'auberge, bien entendu que l'on nous viendroit avertir lorsqu'il plairoit au Patron de démarer. Nous fîmes le tour du port qui mérite d'être vu, & dont la sureté est d'autant plus grande, qu'il en contient pour ainsi dire deux autres plus petits inaccessible à la tourmante.

Enfin le lendemain Vendredi 23 Juillet, un messager à jambes nues vint à quatre heures du matin nous tirer des toiles que nous quittâmes avec un plaisir indicible. Nous fûmes rendus en six enjambées, dans la barque où notre valet avoit passé la nuit par notre ordre, on mit les voiles au nombre de deux, & huit rameurs vigoureux nous ſortirent du port à force de coups d'aviron.

C'eſt ici, mon cher, qu'il fallut payer de ſa perſonne, & prouver par faits qu'il eſt des Pariſiens qui portent un cœur auſſi ferme, que bien des Etrangers qui ſont enclins à les railler ſur cet article. Notre intrépidité fut telle que le Patron ne put ſe perſuader que ce fut la premiere fois que nous voyagions ſur l'élément redoutable.

Le Ciel étoit pur, & la mer peu agitée : cependant il nous fallut payer le tribut ordinaire après une demi-heure au plus, de marche. La bravoure n'a rien de commun avec cet effet ſingulier. Soit l'ébranlement des fibres occaſionné par le balancement continuel de la felouque, ſoit la mauvaiſe odeur des marchandiſes emballées joint à celle du tabac fumé,

Trois fois mon débile eſtomach
S'élevant juſqu'à l'orifice,
Eſſaya de vuider ſon ſac,
Et me mit, trois fois, au ſupplice.

Mais de nulle maligne humeur ;
Le ſac ne recélant l'aigreur,
De ma convulſion facheuſe
N'advint qu'une liqueur aqueuſe,
Qui ſortant, ne produiſit rien
Pour mon repos, ni pour mon bien.

Ce vomiſſement forcé ne fit que m'ébranler le cerveau ſans produire, comme bien des gens ſe l'imaginent, aucun effet de purgation ſalutaire.

Ce qui me conſoloit, c'étoit de voir mon compagnon qui faiſoit le pendant, ſur l'autre côté de la barque, bien que ce ne fut pas la premiere fois qu'il ſe trouvat ſur le plancher tremblant & mobile. Il fut même moins robuſte que moi, de deux aſſauts, ce dont ſon amour propre n'étoit pas peu mortifié, ayant dès le commencement voulu trancher du marin.

Si nous en euſſions été quittes pour ces épreuves momentanées, ce n'eut été que demi mal ; mais il ſubſiſtoit dans toute notre machine un je ne ſçai quel dérangement, qui nous ôtoit l'apétit, & nous privoit du plaiſir d'admirer le magnifique ouvrage du Créateur.

Le dos de ſon long étendu
Sur des infects balots de laine,
L'œil fixe, au firmament tendu,
Un bras poſé ſur la bedaine,
L'autre, au nez portant un limon
Pour ſervir de contrepoiſon,
Dans l'ennuyeuſe conjoncture;
Nous aurions donné, je te jure,
Sans marchander plus d'un jaune ſequin
Pour mettre pied ſur le ferme terrain.

L'eſperance de cet avantage ne nous étoit pas interdite, & nous ſouffrions avec conſtance en attendant les dix heures du ſoir, tems auquel nous devions entrer dans le port de Léricci. Nous mouillâmes effectivement à l'heure indiquée, mais par une fatalité que nous ne pouvions prévoir, il nous fut défendu de toucher à terre. Ce fut envain que l'on employa les prieres les plus touchantes, les expreſſions les plus pathétiques, *abſtulerunt venti* : les oreilles ſe fermerent avec dureté à nos voix ſuppliantes; les cœurs des Commis prépoſés à la vérification des billets de ſanté, ſemblables aux rochers qui bordent le rivage, ne furent point émus : la tendre moitié du maître de notre bâtiment, quoique veuve depuis plusieurs mois par l'absence de son époux chéri, ne put jouir de ses embrassemens. Notre peu de diligence étoit la cause de notre infortune, & tout ainsi que ces ames errantes sur le bord du stix, repoussées

Par le Nocher impitoyable
Qui rit de leurs gémissemens,
Calculent les tristes momens
D'un exil hélas! trop durable :

De même, après avoir jetté une ancre inutile, nous n'avons employé les heures de la nuit qu'à soupirer après le retour de l'Aurore, & le lever trop lent des Commis inhumains que nous ne cessions de maudire. Nous n'eûmes pour consolateur que le saucisson, & le Parmesan, qui pâtirent de notre mauvaise humeur. Notre apétit perdu nous attendoit au port, & nous lui en eûmes bon gré. Quand au sommeil, n'en parlons point; si les yeux se ferment quelques instans par l'excès de la fatigue, le corps n'en est pas plus reposé.

La journée du lendemain quoique belle, & ſans vent contraire, ne nous prépara que de l'ennui. Léricci ne méritoit pas de nous fixer; nous n'y avions cherché qu'un repos momentané pour la nuit ſeulement; mais le Patron dont les intentions ſecrettes nous étoient inconnues, y cherchoit autre choſe: ſi ſa moitié dont je t'ai parlé ci-devant paroiſſoit charmée de le revoir, il ne lui cédoit en rien, & peut-être étoit il plus vrai qu'elle, car nous ſommes toujours portés à croire notre ſexe le plus parfait: quoiqu'il en ſoit le gaillard ne manqua pas d'alléguer des affaires indiſpenſables pour ne point paſſer outre, nous n'en étions point les dupes, l'affaire principale pour lui n'étoit autre,

Que de vacquer à la beſogne
Qu'en certain conte fort connu,
Les Cordeliers de Catalogne,
Rempliſſoient d'un zèle aſſidu,
Envers la gent porte coëffure;
Zèle chez eux ſi véhément,
Que les maris, par la brûlure
Exterminerent le couvent.

Ici l'ouvrage étoit action méritoire & authorisée par l'Eglise: il étoit juste de ne pas laisser mourir par abstinence une femme qui avoit jeuné si long-tems ; de son côté vraisemblablement étoient *lumbi expurgandi* ; les domestiques n'avoient pas des raisons moins valables que leur maître ; & de toutes ces différentes raisons combinées, il en résulta que Messieurs les passagers dont les raisons n'étoient pas si bonnes, furent obligés de passer dans l'inaction le tems que ces honnêtes gens employoient si joyeusement. Une auberge des plus minces fut notre refuge : la compagnie d'un Capitaine de vaisseau marchand Espagnol, qui avoit vendu tout son équipage, & s'en retournoit chez lui par notre même voiture nous fut d'un grand réconfort : cet homme poli dans ses façons, & d'humeur joyeuse, diminua de beaucoup le vuide de cette journée: il étoit acoutumé à ces petits accidens ; manger, boire, courir sur les rochers, dormir ensuite, furent nos occupations en attendant le moment de notre délivrance.

Le lendemain à cinq heures du matin, Messe entendue, comme de raison, pour le jour saint du Dimanche, nous remîmes à la voile, encouragés par le vent qui paroissoit nous favoriser. La joie étoit dans tous les cœurs : le bassin du port, dont la profondeur est de cinq milles, fut franchie en une petite heure: nous nous disposions à prendre le large pour gagner Gènes qui étoit le but de notre voyage ; mais nous n'eûmes pas plutôt abandonné l'abri du port, que nous fûmes trimoussés de la bonne maniere : nous commençâmes à voir ces *unda dehiscens* qui ne réjouissent point. Notre nouveau Pilote sans barbe & sans expérience, remplaçoit fort mal M. son pere qui avoit jugé à propos de lui confier notre vie & ses marchandises, & de rester chez ses Dieux Lares. Il parut fort embarrassé de sa personne, & son embarras embarrassant nous embarrassa par contre-coup. Les ordres du jeune homme relatifs à la manœuvre étoient contredits par les matelots à barbe grise. Ira-t-on : n'ira-t-on pas? Une

Felouque ſortie du port avant nous; mais plus forte & moins chargée, ſembloit faire route ſans danger. Cependant les nuages menaçoient : le conſeil tenu, le parti fut pris de rebrouſſer chemin; mais l'exécution n'étoit pas des plus faciles; le revirement de tête en queue nous donna de l'exercice de toutes façons.

Du flot mutiné
Qui ſur nous s'élance,
Le pin goudronné
Sent la violence :
Le bras du rameur
Brillant de ſueur,
Exerce ſa force :
Nous voyons enfin,
Dans le droit chemin
Notre faible écorce.

Un petit port nommé *porto Venere*; je ne ſçais pourquoi, & ſitué dans le col du grand, nous reçut fort à propos. L'on y mouilla, moyennant un droit de quarante ſols. Nous y deſcendîmes, non portés ſur nos pieds, mais comme Jeſus enfant, ſur les épaules de pluſieurs ſaints Chriſtophes de taille moyenne, qui voulurent bien ainſi préſerver nos chauſſures & nos vêtemens du contact de l'eau ſallée ; car ſans ce ſecours, il eût été indiſpenſable de marcher dans l'eau, la Grève étant trop raſe pour permettre à notre petit bâtiment de toucher le ſable ſec. Notre ſejour dans ce Village fut de deux heures environ, pendant leſquelles nous le parcourions pour paſſer le tems : mais quoique le port fut, ſuivant ſa dénomination, conſacré à Venus, les nymphes qui s'offrirent à nos yeux, étoient ſi dégoûtantes, que nous ne pûmes croire que la Déeſſe eût jamais honoré ce lieu d'un regard de complaiſance.

Notre empreſſement à en déguerpir n'étoit pas médiocre : l'aſpect des nuages qui s'aglomeroient de plus en plus nous détermina à voguer *retrò* tout-à-fait juſqu'à Léricci. La navigation fut des plus heureuſes tant que nous occupâmes le détroit qui ſert d'entrée au grand port, mais ſi-tôt que nous fûmes plus au large

& dans cette eſpece de golphe fabriqué par la nature ſans le ſecours de l'art, nous eſſuyâmes les caprices impétueux des enfans d'Eole : notre route étoit preſqu'en droite ligne ſous le vent, & par un effet ordinaire qui n'effraie que les non expérimentés, notre barque penchoit beaucoup ; mais tant pencha-t-elle inſenſiblement, que le poids de la cargaiſon lui fit prendre eau. Envain on eſſaya de faire contrepoids en ſe rangeant tous ſur le bord oppoſé, Thétis ne nous viſitoit pas avec moins d'empreſſement, & paroiſſoit nous préparer le bain complet. Le Capitaine Eſpagnol dont je t'ai parlé, qui n'étoit que paſſager pour lors, ainſi que nous, s'appercevant de l'inquiétude des matelots & de l'incertitude de la manœuvre, nous permit d'avoir peur. Cette permiſſion, à dire vrai, venoit un peu tard, & nous l'avions prévenue. L'on commençoit à vouer des cierges aux Saints les plus accrédités : notre valet de chambre ôtoit ſes habits pour mieux nager, les matelots faiſoient beaucoup de bruit & peu de beſogne, & ſans la réſolution ſubite que prit notre Eſpagnol de s'emparer du gouvernail, & d'envoyer faire faire le Pilote ignorant, il eſt de la plus grande probabilité, ſans l'aſſertion des Docteurs de l'Ecole, que de quatorze que nous étions dans la maudite Felouque, la plus grande partie eût été mangée des Solles. Les termes énergiques dont uſa notre Capitaine pour ordonner de caler les voiles, porterent les mariniers à l'obéiſſance, & l'on y travailla de toutes ſes forces; mais la force du vent rendoit cette opération des plus difficiles & périlleuſe; cependant on en vint à bout. Le danger éminent ceſſa, mais le roulis violent auquel le défaut de voiles nous ſoumit, fut un événement nouveau qui ne mit pas l'ame des deux Pariſiens à l'aiſe. Il ſembloit que Neptune ſe ſervît de notre bâtiment comme d'une toupie, & nous ignorions toujours où étoient notre proue & notre poupe. Enfin des efforts incroyables de rames nous remirent à terre. Il étoit midi lorſque nous ſaluâmes la paiſible Cybele. Notre hote nous témoigna le plaiſir qu'il avoit de nous revoir, & nous le chagrin de dépenſer de rechef notre monnoie chez lui. On prétendit que la Felouque partie avant nous avoit eſſuyé le même échec ; nous voulûmes le croire par complaiſance, mais le motif de conſolation étoit bien foible, il fallut boire le calice. Notre infortune couta la vie à plus d'un poulet.

On ſe rua ſur la volaille
Qui paya quoiqu'innocemment
Les fautes du moite Elément.
Ce ne fut que par la mangeaille
Que notre chagrin ſe calma.
Auſſitôt l'Eſpagnol fuma,
(Du marin c'eſt la double vie)
Pour moi, ſur un dur matelas,
J'allai chercher la léthargie
Que l'on deſire entre deux draps.
Mon compagnon prit l'écritoire
Pour mieux conſacrer ce malheur
Dont j'ai de mon mieux, cher lecteur,
Tracé la véridique hiſtoire.

Nos eſpérances ſur le lendemain furent déçues : Eole ne jugea pas à propos de contenir ſes enfans vagabonds qui mirent tout ſans deſſus deſſous, & pendant cctte nuit, & pendant le jour ſuivant. Le mouvement convulſif de tous les petits bâtimens amarrés dans le fond le plus reculé du port, donnoit à juger qu'il ne devoit pas faire bon en plaine mer, à moins que de monter un gros vaiſſeau.

Ainſi donc malgré nous, nous eûmes deux nuits de repos ſans trouble, pour réparer les mauvaiſes que nous avions paſſées, & deux jours de l'ennui le plus complet, pour balancer les douceurs de nos bonnes nuits. Le premier de ces deux jours étoit conſacré à fêter deux Saints qui ne ſe quittent point, Jacques & Chriſtophe; il fut pour nous le plus ſupportable par les petits amuſemens que les Fêtes occaſionnent chez les hommes de travail.

La curioſité plus ſans doute que la dévotion, nous conduiſit à la Meſſe paroiſſiale où les payſanes endimanchées brilloient de leur mieux par les rubans, mais non par les traits de leur viſage. L'Organiſte, car il y en avoit un, ſans être un grand Grec, nous fit plaiſir par ſes tournures italiennes qui nous étoient nouvelles sur cet instrument. L'après-midi nous procura le spectacle des danses matelottes, dont les pas sautillans annoncentla gayeté & même un peu la folie.

La matinée du jour suivant fut employée à parcourir de riches plans d'Oliviers le long des côtes, & à admirer les brillans effets du broiemens des flots irrités contre les rochers inébranlables, mais non indestructibles, car ils sont insensiblement rongés par le sel marin, & deviennent semblables à des éponges, par la quantité de trous qui s'y forment à la longue du tems.

Nombre de feux allumés la veille dans un Village voisin, & accompagnés de petards, nous avoient annoncé que le lendemain s'y chomeroit. Notre après midi fut destinée à nous transporter au lieu de la fête pour connoître les amusemens des habitans. Une Chaloupe nous y voiture promptement; nous parcourons les places, & bien-tôt nous apprenons avec surprise que personne ne danse dans ce lieu. Nous n'aurions jamais pensé rencontrer au sein de l'Italie un Curé Janſeniſte ; cependant il falloit que celui-là en tînt honnêtement. Ces gens rigides ne veulent pas apparemment voir qu'en défendant des plaiſirs innocens qui ſe prennent ſous les yeux du peuple, ils en occaſionnent d'autres bien plus ſcandaleux, & rendent les tavernes un lieu néceſſairement fréquenté, où l'yvrognerie & les blaſphêmes ſont des reſſources pour paſſer le tems.

Ces amuſemens ne nous offrant rien que de dégoûtant, nous cherchâmes, tout en murmurant contre le Paſteur imbécille, notre Chaloupe qui étoit diſparue. Nous n'eûmes d'autre parti à prendre que de revenir *pedetentim* le long de la côte qui, bordée de rochers, formoit un poële ardent par la répercuſſion des rayons du ſoleil.

Thétis ſur le bord du rivage,
De tems en tems nous envoyoit,
Soit caillou, ſoit un coquillage,
Qui par ſa forme nous tentoit.
Une pierre avec art lancée,
Pour nous faire un amuſement,
De la vague à peine froiſſée,
Sillonnoit le ſel écumant.

Un essein de jeunes fillettes
Portant le juste & les rubans,
Cheminoient avec les galans,
Qui leur débitoient des fleurettes ;
Cet escadron pétulant & léger,
Franchissoit, en chantant, sans peine,
Mille pas qui par leur danger
Nous mettoient tous deux hors d'haleine.

Nous n'en pouvions plus en arrivant au gîte : la sueur nous inondoit, ce qui n'augmentoit pas peu notre rancune contre le Curé qui nous avoit fait perdre nos pas. Un moment de repos, du linge blanc, & un verre de vin remettent ordinairement tout en ordre : le second verre nous fit perdre notre courroux. La nuit n'eut pas plutôt rendu tous les chats gris, que nous nous glissâmes, à la faveur de ses aîles obscures, entre des quartiers de roc jettés sur le bord de la greve, pour rompre l'effort continuel des lames qui sans cette opposition dégraderoient & les maisons & le parapet du port ; là, nous dépouillâmes tranquillement,

Habit,

Habit, veſte, chemiſe,
Chauſſure, caleçon,
Et ſoudain ſans façon,
Au riſque d'avoir la peau bize,
Nous plongeâmes notre corps nu
Dans les monceaux de ſel fondu.

Ce bain agréable & par la fineſſe du ſable, & par la chaleur de l'air qui rendoit l'eau plus analogue à notre degré de chaleur naturelle, nous fut plus ſalutaire que nous ne l'eſpérions; il fit diſparoître les ampoules ſans nombre produits par la piqueure des Couſins. Cette obſervation peut être utile à d'autres voyageurs, une ſeconde que nous avons eu lieu de faire, c'eſt qu'il nous a été beaucoup plus difficile de nous ſécher que ſi nous nous étions baignés dans l'eau douce.

La fraicheur balſamique que l'eau introduit dans le ſang nous promettoit une de ces nuits délicieuſes où l'homme tant phyſique que ſpirituel ſemble ne plus exiſter : mais ce n'étoit que très-imparfaitement que nous devions jouir de ce bonheur.

Vers la ſixiéme heure du jour artificiel, c'est-à-dire vers les deux heures après minuit (stile François) notre sommeil fut troublé. On nous pressa de nous rendre sur la felouque, qui bien ensuiffée pour mieux voguer, se disposoit à profiter du bon vent. Ce ne fut pas sans un regret sensible que je sacrifiai cinq ou six heures d'un repos certain pour une route très - incertaine. Nous partons cependant accompagnés d'une barque pareille, nous gagnons rapidement l'entrée de la mer ; c'étoit là où j'attendois le Patron: mes craintes, hélas, ne se vérifierent que trop. Un prétendu nuage étayé d'un vent *di-Ponente* vous effraye notre homme qui n'ose suivre la route que lui trace l'autre bâtiment. Ce poltron, qui pour lors étoit le pere lui même, nous fait encore rétrograder jusqu'à ce fatal port de Vénus où nous avions fait de si mauvais sang trois jours auparavant. Deux heures au moins s'écoulérent dans l'inaction des bras, mais non des yeux qui étoient fixés vers les astres pour étudier leurs influences.

Je tachois de faire bonne mine à

mauvais jeu, mais au fond le diable n'y perdoit rien. Enfin pour notre bonheur paſſa une autre barque qui ſans héſiter enfila la route de cette plaine où il a tant de places à choiſir. Notre trembleur piqué d'émulation ſe mit en devoir de la ſuivre, & l'on travailla de la rame pendant une heure, au bout de quelque tems je m'apperçus que ſa poltronnerie alloit encore nous jouer un mauvais tour. Ce fut à ce coup que je ne pus contenir ma bile plus long-tems; je vous apoſtrophai l'homme d'un *Coïone di Bergamo* apuyé d'un ton ſi ferme qu'il me regarda noir, & jura entre ſes dents après les paſſagers qui vouloient l'expoſer à perdre ſa cargaiſon. Je le laiſſai marmoter tout à ſon aiſe, & je citois avec envie ceux qui nous devançoient avec ſuccès. Tout en jurant il ſe trouva éloigné de la côte, & engagé malgré lui à prendre un parti courageux; je ne m'aplaudis pas peu en moi même de ma victoire.

Le Ciel devint de plus en plus ſerain, & nous tracions des ſillons allongés ſur ce terrain où l'on eſt cahotté ſi violemment par fois, quoique l'on ne ſoit point heurté par des pierres. La côte aride & dangereuſe faute de rade & de port fuyoit inſenſiblement; quoique mon eſtomach ne fut pas encore ſans ébranlement, & que ma poſition horiſontale, les yeux fixés vers le Ciel, me fut toujours néceſſaire, j'oſai pourtant faire bréche au pain & au ſauciſſon, & je n'en éprouvai rien de facheux. Mais quelques inſtants après je me trouvai contraint de faire un apprentiſſage aſſez crouſtilleux qui me rendit on ne peut plus, marin. Eſſayons de conter le fait.

Pas trop ne ſçais comment m'y prendre
Pour le faire un peu décemment.
Voyons pourtant : on dit communément
Que lorſqu'on a pris il faut rendre,
Ou tôt ou tard, ou près ou loin :
Nature a voulu, mere tendre,
A ſes enfans impoſer ce beſoin,
Nul mortel ne peut s'en défendre.
Ce principe une fois poſé,
On ne doit point être ſcandaliſé,
Si d'une diverſe maniere
Chacun dépêche ſon affaire.

Tout ici bas n'eſt que variété :
Tout ſuit l'empire de la mode ;
A Troye on ſuit une méthode ,
Un goût tranſmis à la poſtérité ,
Dans un livre plein de gaité*
Qui prouve la façon commode
De vacquer à pareil emploi.
Mais ce livre ne fait point loi :
Chaqu'un peut ch... à ſa guiſe
Et le droit des gens l'authoriſe.
Moi, bien qu'en pays étranger ,
Je ſuivois l'uſage de France
Sans regarder comme un point d'importance
Le nord , le Sud, l'Orient, le Coucher ,
Ne ſongeant qu'à me ſoulager.
Mais ce que ſur la terre dure
Si bien faiſais-je ſans broncher ,
Sur cette tremblante voiture
Me donna , certes , bien du mal ,
Et le pari n'eſt pas égal.
Il n'eſt point de baſſin , il n'eſt point de lunette
Qui puiſſe offrir ſolide appui
Au voyageur que ſon poids inquiette ;
Et ſur mer, il n'eſt plus chez lui.

---

* Les mémoires de l'Academie de Troye en Champagne ſur pluſieurs uſages.

La barque n'offre pour reſſource
Que ſon bord mince, & goudronné
Où le chieur apprentif, conſterné,
Des mains fortement cramponé,
En danger de perdre ſa bourſe,
Se voit, par la rapide courſe
De ce mobile bâtiment,
Troublé ſans ceſſe en ſa beſogne;
D'où par convulſif mouvement
Réſulte que ſon ſphincter rogne
Le réſidu de la digeſtion,
Et nulle rend ſon opération.

Rien n'eſt plus vrai que le ſujet que j'ai voulu te peindre; malheureuſement mes crayons peu vigoureux ne traçent que très-imparfaitement la ſituation comique, & l'embarras du patient dont le rectum exige une prompte évacuation. La peine n'eſt pas ſi grande lorſqu'il ne s'agit que de ſoulager la veſſie: l'on n'a qu'un mot à dire à haute voix, & ſur le champ,

Un petit mouſſe vous apporte
L'inſtrument appellé *corno*:
Inſtrument fait d'étrange ſorte,
Deſtiné pour contenir l'eau

Qui ſurchargeoit vos uretères.
Il n'entre ni métaux, ni terres,
Dans cette compoſition :
Ce vaſe à l'abri de la rouille,
Et même de la fraction,
N'eſt qu'une part de la dépouille
De certain robuſte animal
Qui fit toujours plus de bien que de mal.
De ſon vivant la pauvre bête
Pour ſa défenſe s'en ſervait ;
C'était de plus un agrément de tête
Qui merveilleuſement l'ornait.
Or, ſur mer pour un vil uſage,
Cet ornement eſt réſervé :
Et dans le calme, ou bien l'orage,
Bien ſot ſerait qui s'en verrait privé.

Il n'eſt pas difficile à préſent de deviner que l'outil dont je veux parler, n'eſt autre choſe que la corne d'un de ces beaux bœufs d'Italie, qui ſert de pot de chambre, ou plutôt d'urinal. Rien n'eſt ſi plaiſant quelquefois que de le voir paſſer de main en main, & courir toute la felouque : l'exemple pour l'ordinaire détermine le beſoin, mais malheur à qui ce beſoin eſt de trop longue haleine; car alors le contenant ſe trouvant moindre que le contenu, on se trouve forcé d'interrompre une fonction qu'il est assez difficile de faire à deux reprises. Les Dames ne s'accommoderoient guéres de ce bourdaloue qui exigeroit trop de combinaisons, aussi prendroient-elles probablement d'autres mesures si elles voyageoient en felouque.

Après quatorze lieues environ de marche, le spectacle changea : cette côte qui ne présentoit que des roches incultes & arides, se trouva tout d'un coup meublée de Ports, de Bourgs, de Villages brillans par leur positions.

Plus nous approchions de Gênes, plus la population augmentoit visiblement, ce n'étoit que jolis bâtimens les uns sur les autres, que manufactures considérables, que plans étendus d'oliviers ; en un mot tout annonçoit l'opulence & l'industrie laborieuse. Il n'étoit plus loisible à mon ame de réfléchir au malaise qu'elle partageoit avec mon corps; elle ne s'occupa toute entiere qu'à s'imprimer à demeure, le magnifique tableau changeant que le moment lui offroit. Il fut continué environ pendant ſix lieues, après leſquelles commença à ſe découvrir cette ſuperbe Gênes qui n'eſt point au deſſous du nom qu'elle porte.

Son aſpect du côté de la mer rappelle à l'inſtant la grande ville de Naples : je ne ſçai à laquelle donner la pomme : Naples s'avance ſur un plan circulaire dans la mer, & par cette poſition lui préſente beaucoup plus d'étendue & de parties à baigner ; Gênes au contraire reçoit la mer pour ainſi dire dans ſon ſein par ſon plan concave, & ſe développe plus promptement aux yeux. A cette différence près, l'aſpect eſt preſque égal, les bâtimens en amphithéâtre & mêlés parmi la verdure, la richeſſe de l'architecture, les beaux quais, tout a droit d'étonner un Etranger. Une partie des quais de Gênes a fixé mon attention ; elle ſe trouve appuyée tantôt ſur des rochers, tantôt ſur des arcades mêlées avec les rochers, & ce tout enſemble, fournit le tableau le plus pittoreſque.

Le port de Gênes eſt plus beau

que bon, les deux jettées ornées de fanaux qui en forment l'entrée, sont si écartées l'une de l'autre que la mer y fait par fois du ravage & renverse des vaisseaux prêts à faire voile.

Ce fut sur les sept heures du soir que nous eûmes l'avantage de poser le pied sur le terrain de cette République. A notre entrée en cette Ville, elle nous parut mal répondre à son extérieur brillant. Le passage de la porte du port ne nous offrit qu'une obscurité désagréable : les premieres rues que nous eûmes à traverser, aussi étroites que celles de Venise n'étoient guéres plus éclairées, attendu l'exhaussement des maisons.

Mais sur la premiere apparence
Le sage ne doit point juger,
L'on apprend par l'expérience
Chaque jour à se corriger.
Pour acquérir la certitude,
Qui rend justes nos jugemens,
Il faut qu'une prudente étude
Puisse éclairer nos sentimens.

Ce ne fut point effectivement sans raison que nous voulûmes suspendre notre décision jusqu'au moment où nous abandonnerions cette Ville Républicaine, les circonstances nous donnoient trois jours pour en connoître les agrémens & les défauts, c'est-à-dire à l'extérieur, & c'est tout ce que nous desirions.

La briéveté de notre séjour ne nous invita pas peu à en bien employer les instans; aussi le furent ils. Les Eglises sont assez belles, mais pour la plus part, trop chargées de dorure, du moins à mon goût. Celle qui nous a le plus flatté, est Notre-Dame *di Carignano*, son plan est une croix Grécque, son architecture est d'une noble simplicité.

Les Palais de Gênes ne sont pas tous de marbre comme se l'imaginent bien des gens, trompés par le stile emphatique de quelques-uns de ces auteurs de relations qui n'aiment que le merveilleux. Il n'y en a dans le fait que trois ou quatre, du moins quant à présent, dont les plus magnifiques sont le Balbi & le Brignoletti. Ces Palais ne brillent pas par l'architecture seulement, mais aussi par la somptuosité des dedans. Les tableaux, les ſtatues, les marbres de rapport, les glaces, les dorures, les ameublemens, tout ne prouve que trop combien le luxe ſe rit partout, de la faibleſſe des gouvernemens, & des menaces des ordonnances,

Je t'ai, il y a long-tems, obſervé, mon cher, que la pierre de marbre prenoit à la longue une teinte noirâtre qui le confond avec la pierre ordinaire, mais les connoiſſeurs ſçavent toujours le diſtinguer par la netteté des ouvrages ſculptés, la préciſion des vives arrêtes, & la liaiſon intime des blocs; auſſi rien n'eſt plus agréable à voir que les entablemens ornés de ſculptures, & les baluſtrades qui couronnent d'ordinaire le faîte de ces Edifices.

Ceux qui n'ont pu atteindre à la ſomptuoſité du marbre, ni décorer leur demeure d'une architecture ſaillante, ont tâché de s'en dédommager par l'illuſion de la peinture; & l'on eſt tout ſurpris de voir de longues façades peintes à freſque, braver l'intemperie de l'air. Je n'ai pu applaudir à l'exécution de ces décorations en couleurs variées qui tiennent de l'arlequinade ; & je ſuis étonné que l'on ne préfere pas l'imitation uniforme & ſage du marbre blanc. La plupart des portes d'entrée ſont ceintes d'un chambranle de marbre, ce qui ne laiſſe pas que d'embellir la Ville. Rien n'eſt plus galant que la décoration des deſſous de portes cochères qui conduiſent à l'eſcalier ; tantôt des colonnes ſéparées ou groupées avec goût, tantôt des eſpèces de galeries à demi-hauteur, ſurmontées de terraſſes terminées par des baluſtres ; les murailles ſculptées en panneaux, & réchampies d'un gris de lin tendre ſur un fond blanc : je doute que tout François, qui par nature, aime l'élégance, ne ſoit pas frappé de celle-ci.

Les rues étant preſque toutes fort étroites, il eſt de toute néceſſité que les maiſons des ſimples particuliers ne jouiſſent pas d'une grande lumière. De là vient qu'à Gènes le ſecond étage eſt le plus honorable. Si les Palais ſont à l'abri de cet inconvénient, c'eſt parce qu'ils ſont ordinairement précédés d'une grande place vague, qu'ils renferment une cour, ou qu'ils occupent une des deux rues principales ; ſçavoir la *Nuova* & la *Balbi*, qui ſont les ſeules larges, & dont le terrein ſoit de niveau ; toutes les autres ſont eſcarpées en différens ſens.

L'eau douce pour les uſages de la vie ne manque pas dans les maiſons ; mais il s'en faut de beaucoup que j'y en aie remarqué la même abondance qu'à Naples & à Rome. Les rues ſont pavées de pierres de taille, dont la plupart ſont chiffrées pour indiquer les conduits des eaux. Entre les deux rangs de ces pierres, regne au milieu de la rue un eſpace d'environ quinze pouces de largeur, pavé de briques poſées ſur tranche, probablement pour faciliter le tirage des animaux qui ne s'aident que de la pince de leurs fers. Je n'ai point obſervé pareille précaution à Naples ni à Florence, où les grandes pierres ſont auſſi employées à paver.

Les Fauxbourgs de cette Ville ne ſont point à dédaigner : celui de Saint-Pierre-d'Arene peut ſe nommer magnifique ; il s'étend à perte de vue le long de la mer, & forme une ſeconde Ville à lui ſeul. Outre les manufactures, il contient un nombre conſidérable de maiſons de plaiſance, où les gens opulens vont prendre l'air & promener leurs chevaux.

Un autre point de raliement pour les citoyens qui n'ont point de bêtes pour les traîner, ou qui ne veulent pas s'éloigner, eſt le pont nommé Carignano. Ce pont qui conduit à l'Egliſe du même nom, dont je t'ai parlé ci-devant, eſt une des choſes les plus remarquables de cette Ville, & par ſa hardieſſe, & par l'élevation de ſes piles; il unit deux montagnes, & ſaute, pour ainſi dire, par-deſſus un quartier rempli d'habitations. On loue ſur le ſoir des chaiſes ſur ce pont, & les agréables n'y manquent point.

Le Palais Doria renferme un jardin qne ſon Maître veut bien rendre public, & dont la poſition eſt des plus avantageuſes. Il eſt terminé par une terraſſe quarrée conſtruite en marbre blanc, eſpacée en jour au milieu, contenant deux étages l'un ſur l'autre, & dominant ſur le milieu du port & ſur la mer.

Les jardins en l'air dont on parle tant, ſont pour la plûpart des terraſſes ornées de berceaux quarrés ſoutenus de diſtance à autre par des pilliers ou peints ou ſculptés, qui font un effet fort joli.

Les habitations les plus délicieuſes ſont, à mon avis, les maiſons de plaiſance ſituées ſur la côte qui ſerre la Ville par derriere. Il ne nous étoit pas poſſible de les viſiter toutes, & nous nous ſommes reſtrains à celle appellée *Villa-Balbi* : elle a l'avantage de dominer preſque toutes les autres que nous avons vues en gros par ce moyen. Sans entrer dans le détail de ſes agrémens interieurs qui ſont infinis, ſa poſition ſeule lui donne un prix ineſtimable : elle bat, comme on dit, en ruine, les Fauxbourgs, les fortifications, les jardins & les marais cultivés, la Ville, & enfin toute la mer. Juges ſi un tel coup d'œil eſt enchanteur, & quel plaiſir on goûte à voir, ſoit de ſes yeux, ſoit à l'aide de ſes lunettes & téleſcopes, d'un lieu où l'on ne court aucun danger, voguer au loin ſur cette plaine immenſe, des bâtimens de toute eſpece, dont les uns avancent majeſtueuſement, en déployant toutes les voiles ; d'autres moins heureux luttent avec habileté contre les flots mutinés qui en font leur jouet, tandis que de minces chaloupes, qui ſemblent à chaque inſtant englouties, roulent ſans crainte plus vîte que le vent, ſur cet élément redoutable.

Il conviendrait ſans doute en politique,
Détailler ici les reſſorts,
Et la profonde méchanique
Qui regit le ſuperbe corps
De cette illuſtre République.
Mais déja, crois-je, t'avoir dit,
Que de cet art je ne me pique :
Avant moi d'autres ont écrit
Faux ou vrai ; cela peu m'importe,
Chacun comme il veut ſe comporte,
Jamais je n'en prendrai ſouci ;
Les arts ſeuls m'attirent ici.
Quant aux humains, ſachant en ſomme,
Qu'il eſt partout un honnête homme ;
Mais que partout auſſi l'argent,
L'argent pere orgueilleux du crime,

Rend l'orphelin, & le faible innocent
De l'opulent la certaine victime ;
Ce n'eſt aſſez : ces objets odieux
M'aigriſſent trop ; j'en écarte les yeux.

Revenons aux objets extérieurs qui ſeuls attirent mon attention. Les Caffés ne manquent pas plus à Gênes qu'à Veniſe, & n'y ſont pas plus ſpatieux. Les boutiques les plus communes, à ce qu'il m'a paru, ſont celles des confiſeurs & des faiſeurs de vermicelli. Les premiers vantent beaucoup leurs confitures ſéches ; elles ſont bonnes ; mais j'ai mangé de leurs dragées qui, ſi elles ſont toutes ſemblables, ne leur font pas honneur. Quant aux vermicelli, la façon dont ils ſe font eſt aſſez amuſante. La pâte une fois préparée au degré de moleſſe convenable, on l'enferme dans une eſpece de moulin percé d'une infinité de trous d'un plus ou moins grand calibre : cette pâte enſuite preſſée & comprimée par un inſtrument adapté, eſt obligée de paſſer par les trous divers, & prend en ſortant la forme de petits ſerpens ou plutôt de longs vers, ainſi que le nom le dénote ; & ces vers ſans fin une fois deſſéchés, deviennent le ragoût à la mode dans le pays. La façon dont les cuiſiniers italiens accommodent le vermicelli ne peut gueres convenir à un François ; l'eau & la graiſſe en font la baze ; & ſans le parmeſan rapé dont ils le ſaupoudrent, ils n'en feroient peut-être pas grand cas : auſſi ne ſont-ils point fâchés d'en trouver ſur nos tables cuits & mitonnés dans des jus bien ſucculens.

La *Portentina* ou chaiſe à porteurs eſt la voiture la plus commune : partout on eſt arrêté par les *Faquini* qui vous les offrent. Elles ſont plus larges que les nôtres & n'ont point de porte, du moins en été, en ſorte que le porté court grand riſque de ſe briſer la tête contre le pavé, ſi le porteur de l'avant-garde vient par malheur à faire un faux pas : le fond de la couleur dont elles ſont peintes eſt noir ſuivant l'uſage républicain.

Il nous en a coûté deux mortelles heures d'ennui pour parvenir à voir le Prince. Son Palais eſt gardé par des Suiſſes, & par là il repréſente mieux que celui de Veniſe, qui, bien que plus puiſſant ſemble iſolé chez lui.

Enfin ſa Sérénité Dogeſſe eſt ſortie de ſon appartement pour aller dans ſa Chapelle entendre la Meſſe. Son habillement étoit compoſé d'une robe de Damas rouge à fleurs, ouverte par derriere & ſans queue, de bas rouges & de ſouliers rouges : il étoit coëffé d'une perruque à peu près ſemblable à nos perruques carrées, laquelle étoit ſurmontée d'une eſpèce de bonnet quarré rouge plus allongé en pointe que les nôtres.

Ses Pages, au nombre de quatre, portoient pour vêtement une veſte noire ſans manches, avec deux liſières pendantes aux épaules, une calote noire, des bas jaunes, rouges ou bleus, ſelon la livrée de Sa Sérénité, une ceinture, un collet aſſortis à la couleur, ainſi que deux grands morceaux de damas à fleurs bouffant l'un par-deſſus le bras, l'autre par deſſous, & n'étant fixé à l'épaule que par un point couſu, & au poignet par un bouton. Cet accoutrement tient en partie de celui des Suiſſes, mais ſent davantage ſa maſcarade ; auſſi eſt-ce pour cela, je penſe, qu'ils ne ſortent point dans les rues qu'ils ne ſoient affublés d'un ample manteau noir qui couvre toute cette arlequinade.

Les Sénateurs portent une robe de ſoie noire & le bonnet pareil. La façon dont toutes ces robes ſont pliſſées & froncées aux épaulettes les fait ſaillir de deux ou trois pouces plus haut que l'épaule. & par-là donne & au Doge & aux Excellences l'air de boſſus.

L'habit de cérémonie du Doge eſt augmenté d'un mantelet d'hermine à queues noires & d'une ſoutane à fleurs d'or.

Les Particuliers portent l'habit de ſoie noire, un petit manteau pareil & la perruque nouée. Quant aux femmes, elles ſe mettent comme les Françoiſes, autant qu'elles peuvent les imiter.

On prétend que le peuple ne ſe trouve pas plus heureux que celui de Veniſe ; qu'il ſe plaint de l'avarice des Nobles & de la cherté des vivres ;

ce qui prouve que le mot liberté est presque toujours un son sans idée réelle quant à l'effet. Il faut pourtant convenir qu'elle n'est encore que trop grande, si elle ne consiste qu' à porter impunément toutes sortes d'armes offensives, telles que pistolets, fusils, couteaux, &c. Je n'aimois point à voir de pareils outils entre les mains de la canaille : aussi n'avois-je jamais gouté cette méthode d'Italie qui est une des sources des abus sans nombre.

Tu pourras m'objecter qu'à Paris, des valets & mille autres plats pieds portent hardiment un long fer pointu à leur côté : je le sçais, & n'en crois pas le Gouvernement plus sage quant à ce point.

Quoi qu'il en soit, il est de fait que pendant le bref sejour que nous avons fait dans Gènes, cinq ou six hommes ont été de vie à trépas par le couteau, & que cela ne fait pas sensation dans cette Ville.

Le lundi premier jour d'Août sur les huit heures du soir, nous nous rendîmes dans la Felouque qui porte le Courrier de France à Antibes. Le prix de cet embarquement fut plus cher que celui de notre premiere traversée ; & le Patron ne voulut point se charger de nous trois à moins de quarante huit livres de France. Nous fûmes d'abord fort aises de n'être pas les seuls passagers; mais lorsque nous vîmes le nombre s'accroître jusqu'à douze, notre joie diminua beaucoup : nous ne sçavions alors comment nous arranger pour pouvoir occuper les places qui nous étoient destinées , tant elles se trouverent justes.

A neuf heures l'on se mit en branle: le tems étoit beau à quelques petits nuages près, qui n'étoient pas capables de nous intimider. Si nous avions quelque sujet plus valable de crainte, c'étoit plutôt de nous voir peut-être obligés de faire le coup de poing avec ces avides Algériens.

Gens incivils & peu traitables,
Qui, de leur damas redoutables,
Vous mettent bas un Chef Chrétien
Sans s'embarrasser s'il font bien :
Toujours rodans sur ces parages,
Ils fondent, comme les orages,
A l'instant le moins attendu ;
Et bientôt on est pourfendu.

Ces Seigneurs, à tête raſée,
Ont trop la conſcience aiſée ;
Tout eſt, pour eux, bon à ſaiſir ;
Je n'euſſe eu le moindre plaiſir
A faire un tour en leur patrie,
A voir de ſi près le Turban ;
Dût un ſi beau trait de Roman
A jamais illuſtrer ma vie.

On dit que depuis quelques années ils croiſent moins fréquemment ſur ces côtes ; je croyois de tout mon pouvoir cette aſſertion, mais je n'en étois pas plus raſſuré lorſque je venois à jetter les yeux ſur deux pierriers fixés de droite & de gauche ſur chaque bord, & tournant ſur un affut mobile.

Sous les bancs que nous occupions étoient en outre ſuſpendus deux grands ſacs de cuir qui contenoient chacun une demie douzaine de fuſils tout chargés pour le beſoin. Il pouvoit, comme tu vois, arriver une occaſion fatale de jouer du fer, où je ne crois pas que j'euſſe brillé. Que j'aurois bien dit alors : qu'alloit-il chercher dans cette maudite Galere!

Nous

Nous n'avons rencontré, Dieu merci, que des Tons & des Dauphins, ainsi nommés par les Mariniers, mais dont le plus véritable nom est, je crois, des Marsouins. Ces poissons bondissoient par troupeau au tour de notre Felouque à certaines heures du jour ; & par leur façon de plonger de tête en queue, formoient une roue dentelée dont les pointes étoient celles des nageoires dont leur dos est armé.

Cette nuit fut la plus belle que pussent desirer des voyageurs obligés de coucher *sub dio*. La complaisante Diane daignoit éclairer notre marche ; elle fut même témoin de notre souper frugal qui n'avoit rien qui pût tenter, je crois, une Immortelle de son rang. Une Divinité boursoufflée d'Ambroisie ne s'accommode gueres d'une cottelette froide & de noix desséchées. Pour nous, nous n'avions rien encore gouté de meilleur, parce que jusqu'à ce moment, l'appétit qui donne le vrai prix aux mets, nous avoit abandonnés. Neptune qui pour nous dédommager de notre infortune premiere, voulut bien par un *quos ego* que nous n'entendîmes cependant pas, moriginer & tenir dans le respect ses enfans à dangereuse haleine, produisoit dans notre estomac ce changement heureux : aussi nous dédomageâmes-nous de notre mieux avec Comus, des rigueurs affectées du capricieux Morphée.

Il ne pouvoit y avoir entre tous les passagers aucune jalousie ni dispute pour le choix des matelats les plus mollets. Un ban circulaire dans sa forme, & fort dur dans son principe, nous servoit à tous de grabat, où chacun serré par son voisin, prenoit une attitude différente, suivant l'instant où la fatigue forçoit ses paupieres à se fermer. Ce malaise général me procura quelques instans de plaisir par les tableaux différens que produisoient ces postures grotesques, qui eussent fourni d'excellentes charges à imiter à un Calot moderne. Plus d'un dormeur se laissoit glisser imperceptiblement sur le plancher de la barque, & servoit de marche-pied aux autres. Cependant, grace à vingt-quatre bras robustes, dont les propriétaires juroient de docte manière contre l'indolence & la tranquillité du Dieu des eaux, nous avancions. Cette côte riche & peuplée disparoissoit à nos yeux, & nous voyions fuir loin de nous successivement Savone, Finale, Albeuga, Oneille, Port-Maurice, Saint-Remo, Mentone & autres lieux voisins de la mer. La voile venoit par fois à notre secours & donnoit un peu de relâche aux travaux des rameurs. Tout en cheminant, nos Mariniers apperçurent à quelque distance un habitant de l'onde d'assez forte corporance, dont ils se flatterent d'abord de faire capture. Leurs yeux avides étoient fixés sur ce butin, & leurs goziers voraces s'en disputoient d'avance une part. Tu juges bien que la rame ne resta pas immobile : en effet en peu d'instans ils l'atteignirent, & cet animal complaisant se laissa prendre : il ne faut pas que cela te surprenne : les poissons de la Méditerranée ne fuient jamais la main des pêcheurs, lorsqu'ils sont morts : or celui-ci l'étoit.

Procès verbal bien-tôt dressé
Sans papier, & sans écritoire,
A tous il fut plus que notoire
Que le mort était trépassé
Par excès de gloutonnerie.
Au fond de son gosier étroit
Un poisson fut trouvé sans vie,
Qui trop gros ne put passer droit,
Et fit, par un rude supplice,
Périr son vorace ennemi.
Que ne voit-on chez nous périr ainsi
Certains animaux fiers, & paitris d'avarice,
Qui suivant, sans remords, leurs cruels appétits,
D'un coup de dent dévorent les petits!

Le coupable que l'on venoit d'appréhender au corps fut incontinent jugé sans appel, & condamné à être écorché, coupé par morceaux, grillé dans l'huile bouillante, & enseveli dans plusieurs tombeaux vivans qui ne lui firent aucun quartier.

Pour des mangeurs d'oignons le gibier était fin,
Aussi lui fit on grande fête:
On vuida plus d'un broc de vin;
A peine restat-il quelques os de la tête.

Sur les vingt - trois heures parut devant nos yeux la petite ville de Monaco grande comme la main, fortifiée, & dont le nom eſt aſſez connu des François. Notre intention n'etoit pas de paſſer outre, & l'équipage ne deſiroit pas peu ardemment d'y mouiller, pour y paſſer une nuit plus ſalutaire que la derniere; mais ſi elle nous procura quelqu'agrément, ce ne fut que celui d'habiter ſur la terre ferme; nous le payâmes bien d'ailleurs, non-ſeulement par la mauvaiſe chere que nous y fîmes, mais même par l'effuſion de notre ſang qui ſervit de régal à des armées innombrables de ces petits inſectes nommés couſins, qui nous ſuccerent toute la nuit.

Ces ſaignées rigoureuſes rendent les gens ſi leſtes, que l'aurore à ſon arrivée nous trouva déjà ſur pied. Le deſir de quitter ce lieu redoutable ne fut pas moins vif que celui d'y ancrer la veille; & quoique les vents ne duſſent pas, ſelon les apparences, nous favoriſer, cela ne nous empêcha pas de partir, & de tirer vers Antibes. Notre courſe fut un peu ralentie par la nécessité de mettre à terre notre valet de chambre, qui malheureusement pour lui dans ce moment étoit trop riche en bijoux & trop peu en mémoire. La grandeur de ses occupations lui avoit fait oublier dans l'auberge ce meuble devenu aujourd'hui presque nécessaire même aux gens de son espece, & qui ne leur sert souvent qu'à les rendre moins ponctuels à leur service. Donc pour ne point perdre sa montre, il condamna ses jambes à mesurer environ trente mille pas, dont partie pour rétrograder, & le surplus pour nous rejoindre le soir à Antibes. Nous continuâmes notre route favorisés d'un beau ciel; & après avoir passé devant l'embouchure du Var, nous fîmes un grand salut d'adieu à l'Italie, cette terre de promission, dont les beautés échauffoient notre imagination, mais dont nous ne pouvions regretter les viandes mal boucanées, le ris à moitié cuit & toujours en fromage de parmésan, l'huile d'odeur forte, les pois & les grosses fêves crues pour deſſert, & encore moins les méchans grabats.

Enfin ſur les dix heures, nous prîmes terre françoiſe, & le port d'Antibes nous reçut après l'exhibition des billets de ſanté. Les corvées ordinaires, telles que la fouille des malles & la viſite chez le Commandant pour décliner ſon nom, nous furent cette fois moins à charge que jamais, par le plaiſir inné que l'on goûte en revoyant ſa patrie, après une abſence un peu longue.

Antibes, par ſa petiteſſe, ne mérite pas, mon cher, de t'occuper. On ſçait que ſon port eſt joli & bien défendu contre la mer; ſon Chateau iſolé ſur une éminence paſſe pour bon, mais ce n'étoit pas là pour lors ce qui nous intéreſſoit le plus: nous avions tant vu de ports, de rades! un bon diner à la françoiſe, une paire de lits bien mollets, garnis de leur houſſe de toile peinte, fermant exactement, une chambre propre, bien cloſe, voilà ce que ſavoure un voyageur qui vient du fond de l'Italie, & qui a paſſé des nuits ſur une Felouque. Celle que nous paſsâmes à

Antibes contribua beaucoup à nous remettre de nos fatigues : qu'elle fut employée délicieusement ! Si nous gardâmes les toiles plus long-tems qu'il n'est d'usage, on auroit grand tort de nous taxer pour cela de paresse.

Quiconque en Italie ira,
Quiconque en reviendra,
Tout comme nous, fera ;
Et s'il ne le fait, fou sera.

Ce ne fut que vers les six heures que nous prîmes le lendemain notre volée pour regagner Marseille. En gagnant d'un côté sur les terres de France, nous perdions beaucoup de l'autre. Le cabriolet nouveau qui devoit nous porter, n'étoit, malgré tous les raisonnemens du loueur, à vrai dire, qu'un tape-cul des plus rudes, & bien différent de notre ancienne chaise italienne bien dorée & à ressorts liants. Les chevaux heureusement avoient de la vigueur. Notre premiere pause se fit à l'Estrel sur les une heure après midi ; nos chevaux en avoient grand besoin ; nous avions employé toute la matinée à tournoyer au tour des montagnes, dans des chemins ſans ceſſe hauts & bas, ſans preſque perdre la mer de vue. La halte du ſoir fut dans Fréjuls, petite Ville, avant laquelle nous avions vu, en paſſant, des veſtiges aſſez conſidérables d'un ancien aqueduc.

Nous marchâmes le lendemain matin pendant ſept heures au moins, ſans débrider, par des chemins auſſi deſagréables que ceux de la veille: notre dîner ſe fit au village dit le Luc, dont les Comtes de ce nom tirent leur titre; & notre pauſe du ſoir, dans la petite ville de Brignolles, où nous fûmes beaucoup mieux traités qu'à Fréjuls.

Le lendemain ſix Août fut un jour notable par l'avantage que nous eûmes de voir la montagne de la Sainte-Baume & du Saint-Pilon.

Tu ſçais, ſans doute, ou dois ſçavoir
Que là, dans un triſte Manoir,
Une célebre pénitente
Pouſſa, pendant aſſez long-tems
De ſinceres gémiſſemens;
Et que, d'une ame repentante,

Elle arracha ſes blonds cheveux,
Inonda de larmes ſes yeux,
Meurtrit cette gorge tentante,
Qui faiſait couler dans les cœurs
De la volupté triomphante
Les feux impurs & ſéducteurs.

Cette montagne eſt ornée d'un bâtiment où ſept à huit Moines Bénédictins gobent malgré eux un air exceſſivement froid, juſqu'à ce qu'ils ſoient remplacés par un nombre pareil de leurs confreres, dont le domicile conſtant & chef lieu eſt établi à deux lieues de diſtance, dans un endroit nommé Saint-Maximin. La dévotion ne nous porta pas juſqu'à gravir ſur cette montagne ſanctifiée; nous en avions aſſez & des Alpes, & des Apennins: nous ne fûmes pas plus curieux de pouſſer juſqu'à Saint-Maximin, pour voir les Reliques de la ſainte péchereſſe, nous avions tant vu de Reliques depuis ſix mois! La foi nous ſervit beaucoup dans cette occaſion: il nous a ſuffi de ſçavoir par la tradition que la Relique la plus eſtimée de ce tréſor eſt la tête de ladite Magdeleine, non probablement comme tête de femme, mais bien parce que l'on y voit, lorſqu'on a de bons yeux, trois endroits où la chair eſt conſervée ſans putréfaction, parce qu'ils ont été touchés par les doigts du Sauveur reſſuſcité, lorſqu'il repouſſa cette belle pénitente, en lui diſant, *Noli me tangere.*

Un objet plus intéreſſant, reſpect à part pour les choſes de dévotion, s'offrit bientôt à notre vue, & nous porta la joie dans l'ame. Tu auras peine à croire que cet effet ait été produit par un ſimple moulin à vent; je peux faire ceſſer ta ſurpriſe, en t'obſervant que cette machine n'eſt point d'uſage en Italie. La route de cette journée nous couta cher par les nuages de pouſſiere qu'il nous fallut reſpirer, & dont nous étions couverts, elle ſe termina à Aubagne où nous fûmes régalés d'une langouſte, eſpéce d'écréviſſe de mer qui juſqu'alors m'étoit inconnue. Elle n'eſt point armée de ſerres, comme le houmar, ſa chair eſt blanche, ſerrée, & remplit toute la capacité de ſon écaille depuis la tête juſqu'à l'extrémité de ſa queue ſans diſcontinuité.

Depuis la ſortie d'Aubagne que nous quittâmes de grand matin nous fîmes route pendant deux heures environ, dans un vallon ſerré par des montagnes dont pluſieurs ſont cultivées par échelons comme en Savoye; & pendant deux autres heures, ſur une voie déteſtable & par les cahots affreux & par les tourbillons de pouſſiere qui nous aveugloient ; on peut appeller ce chemin une rue, car il eſt bordé de droite & de gauche par les murailles ſans fin d'une quantité étonnante de baſtides qui s'étendent preſque juſqu'aux portes de Marſeille. L'ennui fut b.aucoup diminué par la rencontre fréquente des payſannes endimanchées, marchant leſtement, & portant ſur la tête le grand chapeau de caſtor gris à bords rabatus, orné de bouffettes de rubans, ce qui leur donne l'air diablement émouſtillé. Enfin parut Marſeille où nous fîmes notre entrée ſur les neuf heures du matin.

Nous ne nous attendions pas au retour de l'Italie où toutes les Villes ſont ſi agréables, à en rencontrer une auſſi ſéduiſante que l'eſt celle-ci, & par l'alignement régulier de pluſieurs de ſes quartiers conſtruits à neuf, & par le bon goût de ſes bâtimens, & par la gaité qu'elle inſpire. Marſeille eſt preſque toute bâtie en pierre de taille; ſa rue appellée le Cours eſt bordée d'Edifices conſidérables dont l'architecture eſt digne de fixer l'attention.

Cette rue eſt magnifique par ſa longueur, par ſa droiture, par ſa largeur, par les deux rangées d'arbres qui en ſont une promenade charmante, par les caffés élégans qui y ſont en grand nombre, & par deux fontaines qui fourniſſent de l'eau ſans interruption. L'affluence du beau monde, des femmes qui y ſont auſſi bien parées qu'à Paris, & même d'un goût de coquéterie plus affecté, le nombre des marchands ambulans, & des farceurs qui n'épargnent rien pour attirer les acheteurs par une bonne muſique; tout annonce une Cité floriſſante, tout reſpire le plaiſir; auſſi nous y ſommes nous beaucoup plu.

Quoique nous ne fussions plus dans le pays des merveilles, nous nous comportâmes de la même façon, c'est-à-dire que nous cherchions partout les beautés où nous étions accoutumés de les trouver : en conséquence nous ne pouvions oublier de visiter les Eglises de Marseille. Celle de Saint Ferréol est l'Eglise qui mérite le plus d'être vue, elle n'est pas anciennement bâtie, & quoique dans le goût moderne, elle peut passer pour jolie. Quand à celle de Saint Victor ce n'est que l'antiquité qui peut en faire le mérite, son extérieur n'annonce qu'une forteresse, & l'intérieur, une prison. Sa grande richesse consiste en reliques que nous avons été contraints de voir minutieusement sans que l'on nous fit grace d'un poil. La plus remarquable est la Croix sur laquelle Saint André a expiré, elle est conservée dans tout son entier & revêtue de vermeil.

Du trop complaisant Sacristain
Nous maudissions la politesse :
Tout engoué de la richesse,
Du lieu qui lui donnait du pain,

Un bout de cierge dans la main
Dont faible était le luminaire,
Notre marmoteur de bréviaire,
De souterrain en souterrain,
Selon son usage ordinaire,
Par un équivoque chemin
Nous faisait monter ou descendre,
Sans qu'on put lui faire comprendre
Que nous avions depuis six mois
Tant vû de pieds, de mains, de doigts,
De carcasses d'hommes, de filles,
Tant d'autres pieuses broutilles,
Dont chaque possesseur fait cas,
Que nos quatre yeux en étaient las.

Enfin notre supplice finit; il nous fut permis de revoir le jour; nous quittâmes notre homme, bien résolus de fuir dorenavant les montreurs de reliques.

Le port nous dédommagea de l'ennui de notre précédente visite, nous eûmes autant de peine à le quitter que nous avions eu de satisfaction a sortir de Saint Victor. Son plan est un quarré long dont l'espace est considérable; l'exactitude avec laquelle les batimens y sont rangés suivant leur grosseur, & forment des espéces de rues, eſt une choſe agréable à l'œil. Un des côtés de ce port eſt occupé par les chantiers de conſtruction, le côté oppoſé eſt décoré par le bâtiment de l'Hôtel de Ville qui, quoique non achevé, fait un bel effet; l'Arcenal occupe le fond. L'autre extrémité qui forme l'entrée eſt défendue à droite & à gauche par deux châteaux fortifiés. De deſſus la terraſſe du château de la droite où nous ſommes montés, on voit l'embouchure, faite des mains de la nature qui a poſé exprès en cet endroit deux rocs pour contenir la mer dans ſa fureur, & qui pour plus grande ſûreté, les a fait précéder par deux lignes parallelles de pareilles maſſes qui forment un premier baſſin. Plus loin en face eſt une rade qui s'oppoſe à l'impétuoſité des vagues, & les contraint à couler dans un golfe étendu ſur la droite dont les bords ſont enrichis d'un nombre conſidérable de baſtides.

A notre deſcente du château, la ſentinelle n'a pas manqué de nous faire remarquer une figure coloſſale enCariatide ſculptée dans l'angle d'un bastion. Cette sculpture représente quant à la partie supérieure une femme portant quatre mamelles, & se termine par une queue de poisson. Madame Marseille est celle dont on a voulu conserver le portrait ainsi ajusté; car selon la tradition reçue, cette Dame ou Demoiselle est sortie des flots pour fonder la Ville, & aussitôt après cette bonne besogne achevée, s'est rendue invisible. Cette petite fable accréditée chez le Peuple prouve combien l'amour-propre cherche à s'étayer sur le merveilleux, pour acquérir par là s'il est possible une valeur plus grande, & le droit de dominer sur ses voisins. Le fait au vrai est que cette statue en remplace une autre détruite par le tems, qui n'étoit que le simbole de la fécondité & de l'opulence, représentées par une femme assise, & environnée de tout ce qui peut caractériser cette idée tant sur terre que sur mer, & être relatif à la position avantageuse de la Ville de Marseille.

Le côté du port sur lequel est le bâtiment de l'Hôtel de Ville dont j'ai déja parlé, eſt garni d'un nombre conſidérable de petites barraques conſtruites en bois, où logent & commercent pendant la journée tous ceux d'entre les galeriens qui ont un talent ou métier, à condition toutes fois de retourner chaque ſoir pour coucher ſur leur banc de galére. Dans le nombre de ces honnêtes gens, pluſieurs font un gain conſidérable, & en employent une partie à ſe faire habiller, coëffer, & chauſſer avec élégance : il eſt malheureux pour eux que ſur le beau bas de ſoie blanc qu'ils portent l'on apperçoive toujours,

Ce certain ruban de faveur
Dont la matiere un peu trop dure,
Quelquefois produit la douleur,
Lorſque ſerrant outre meſure,
La cheville du garnement,
Il s'oppoſe à ſon mouvement.

Mais l'homme mal né s'accoutume à l'infamie, & trop ſouvent ſe montre aſſez oſé pour porter la tête haute & un viſage auſſi aſſuré que l'homme d'honneur dont la probité eſt reconnue.

La forteresse de Notre-Dame de la Garde située sur un roc élevé, mérite que l'on se donne la peine d'y monter. On est bien dédommagé de ses fatigues par le spectacle dont on jouit : l'œil plonge sur toute la Ville, dont le plan nous a paru à peu-près triangulaire, & sur la mer où l'on voit à peu de distance le triste château d'If, où la plus grande chére ne réveilleroit pas mon appétit si mon domicile y étoit fixé irrévocablement, & sur les dix mille bastides Marseilloises répandues ça & là aux environ de cette Ville délicieuse. Ce nombre est peut-être exagéré par les habitans du pays, & ne peut d'abord être accepté par les Etrangers ; cependant elles sont semées si près l'une de l'autre que le calcul est dans la classe des probabilités contre lesquelles il est imprudent de s'inscrire sans des preuves évidentes.

Le Palais de Justice n'est pas un morceau digne de remarque. La salle de la Comédie est assez jolie, mais la troupe qui y représentoit pour lors. n'avoit pas aſſez de talens pour nous y attirer fréquemment.

Vénus nous a paru fort honorée par les Marſeillois ; elle a des Temples en grand nombre où les Prêtreſſes ſe piquent d'égaler, & même de ſurpaſſer en graces celles de notre Capitale. Elles invitent aux ſacrifices par l'entremiſe d'hommes affidés qui cotoyent, dans le cours, les Etrangers avec circonſpection, & retirent un petit ſalaire de la dévotion des gens pieux. Cet uſage contraire au nôtre m'a paru d'abord ſingulier, mais par réflexion je n'ai pu me refuſer à en louer la décence, ou pour mieux dire, le moins d'indécence.

La bonne chére n'eſt pas un des moindre plaiſirs que l'on goûte à Marſeille, auſſi n'avons nous point eu à nous plaindre de la façon dont nous avons été traités à l'hôtel où nous logions, la table étoit bien ſervie ; les convives gens honnêtes & aimables, nous ont procuré l'agrément d'une converſation d'autant plus amuſante qu'elle étoit inſtructive pour des Pariſiens qui n'ont point autant couru la mer que la plupart de ces Meſſieurs qui cherchent la fortune ſur cet élément. Les figues & les melons méritent à juſte titre la réputation qu'ils ont acquiſe. Quant aux liqueurs fraiches nous ne pûmes en juger, car par un malheur extraordinaire, nous étions dans le cas de dire comme au repas de Boileau: point de glace, bon Dieu, dans le fort de l'Eté.

De Marſeille à Aix la diſtance n'eſt pas grande; nous y ſommes arrivés en cinq heures de marche par une chaleur exceſſive, couverts de poudre & briſés par les cahos. Après un décraſſement indiſpenſable nous nous ſommes promenés dans cette Capitale qui poſſéde un Cours encore plus beau que celui de Marſeille, tant par ſa largeur, ſes deux rangées d'arbres de plus, que par le nombre des bâtimens élégans qui le bordent. La Cathédrale eſt de goût gothique plus agréable; le Palais de Juſtice, ſon eſcalier, & l'Hôtel de Ville ſont mieux traités, la place en face de l'Hôtel de Ville eſt décorée d'un bâtiment moderne deſtiné à ſervir de grenier public, elle tire encore ſon embéliſſement, ainſi que la place du Palais de Juſtice, d'une élégante fontaine qui fournit ſans ceſſe aux beſoins du Peuple.

Notre plaiſir fut alteré par le ſpectacle inattendu de pluſieurs miſérables qui, quelques heures auparavant, avoient payé de leur vie quelques momens de bonheur dans le crime, & garniſſoient encore les gibets. Le lendemain devoit être le dernier jour pour neuf coquins de pareil acabit qui étoient condamnés à ſubir un ſort pareil. Ce Parlement les expédie par douzaine, lorſque les vacances approchent, & ſe montre terrible à leur égard. Les cadavres furent enlevés à nos yeux dans des bieres peintes, deſtinées à cet uſage, & portés en cérémonie au lieu d'inhumation par des Pénitens vêtus du domino troué pour le paſſage des rayons viſuels, ſemblable à ceux que nous avions vus dans quelques Villes d'Italie. L'on nous a aſſûrés que les plus notables citoyens ſe dévouoient à ces fonctions déplaiſantes par piété. Aix ne nous a pas retenus long-tems, dans ſes murs; nous n'y trouvions ni la population, ni l'air de gaité qui regne dans Marſeille; ce vuide eſt dit-on, le même, chaque année dans cette ſaiſon, parce qu'alors les habitans riches vont à Marſeille chercher des plaiſirs nouveaux.

D'Aix, nous avons tiré vers Avignon, & après avoir traverſé la Durance, riviere ſouvent dangereuſe, mais pour lors fort traitable, nous avons mis le pied ſur les terres du Comtat.

Des champs la fertilité,
L'émail des prairies,
Des canaux la quantité,
Les routes fleuries,
Des muriers les plans nombreux,
Là, tout ſéduiſit nos yeux.

La premiere Ville de ce pays fertile, qui nous a reçus, fut Cavaillon. Bien qu'elle ait un Evêché, c'eſt lui faire bien de l'honneur que de l'appeller Ville, elle ne répond guéres à la beauté du pays. Son plus grand mérite conſiſte en un Cours garni de quatre rangées de muriers blancs, bordé de canaux, qui regne au tour d'une partie de ses murs, excepté le côté qul se trouve apuyé sur un roc escarpé.

Nous logeâmes hors de l'enceinte des murs, auprès d'une des portes de la Ville, où nous eûmes le cadeau d'un feu en l'honneur de Saint Laurent qui se trouve bien fêté lorsqu'une Procession de Pénitens a réduit en cendre quelques douzaines de fagots. Notre souper fut un peu plus amusant que de coutume, par la compagnie d'un tiers qui nous fit demander la permission de rompre notre tête à tête, permission que nous étions, comme tu peux croire, très-charmés d'accorder pour notre intérêt personnel comme voyageurs.

Ce galant homme étoit de belle prestance, de caractère flegmatique, & son train annonçoit que les pistoles ne lui manquoient pas. Il se dit natif de Verceil, curieux de voir le pays, & avoua qu'il faisoit comme bien d'autres, c'est-à-dire qu'il cherchoit à connoître les terres étrangéres avant même que de connoître celles de sa patrie. Nous pouvions lui

lui ripoſter la même phraſe, car nous avions commis la même faute. On ſe fit beaucoup de queſtions de part & d'autre, nous ſçumes qu'il avoit paſſé l'hiver à Londres, que cette Ville lui avoit beaucoup plu, & il nous aſſura en même tems qu'il étoit obligé ſouvent de quitter ſa chambre, & d'aller prendre l'air dans les rues, pour prévenir l'effet pernicieux de la tourbe & du charbon dont les ſels actifs lui portoient au cerveau, & commençoient à l'affecter de cette humeur mélancholique qui ſe dénote chez la Nation Angloiſe. Qu'il ne doutoit point que s'il eut perſiſté à reſter envelopé de cet atmoſphére vaporeux, il n'eut à la fin contracté cette humeur atrabilaire qui porte les naturels du pays à ſortir par des moyens violens de la vie qui leur devient à charge.

Le lendemain nous primes congé, de bon matin, de notre compagnon de gîte, & ſur les neuf heures, nous découvrîmes les hautes murailles d'Avignon, l'exact nivellement des pierres bien cimentées, les tours quarrées de diſtance à autre enchaſſées dans les murailles pour la deffenſe de la ville, les creneaux qui ſont le couronnement total, forment un aſpect impoſant, le ſoleil étoit radieux & doroit les campagnes, les meuriers blancs nous environnoient & annonçoient la richeſſe doublée dans ce pays par le précieux ver qui nous file des vétemens, les chemins étoient bordés de canaux entretenus avec ſoin,

Et dans le criſtal de leur onde,
L'Avignonaiſe au blanc tetin,
A la criniere ou brune ou blonde,
Au leger corcet de bazin,
Preſſoit d'une graſſete main,
La dentelle & la mouſſeline,
Et, de ſa prunelle aſſaſſine,
Brûlait le cœur du pellerin.

Le Rhône baigne avec majeſté une grande partie du cours, dont les plantations ſont de meuriers, ſuivant l'uſage de ce pays. Les campagnes qui ſont au delà du fleuve, & les Iſles qu'il forme, préſentent un tableau riant & flatteur. Tout nous promettoit un interieur correſpondant aux agrémens du dehors, mais nous n'eumes pas fait cent pas dans les rues de cette Ville, que nous fumes obligés à rabattre beaucoup de l'idée avantageuse que nous nous en étions formé. L'inégalité du terrein, le peu d'alignement des édifices & des rues qui sont en outre très étroites, la déprisent infiniment. Les seules choses que nous avons vues avec satisfaction, sont le Palais du Vice-légat semblabe à un château fort bati en partie sur un roc qui a été séparé de main d'homme pour pratiquer une rue sur un des côtés du Palais; l'escalier de la Cathédrale; quant au dedans nous n'avons rien remarqué sinon une statue en pierre, copie de celle en bronze représentant le Prince des Apôtres & placée dans la nef de l'église dédiée audit Saint Pierre à Rome, avec cette différence que le pied de celle-ci est si sain & si entier, que nous avons crû avoir le droit d'en conclure que le crédit dudit *Pietro* n'étoit pas à beaucoup près, si bien établi dans Avignon que dans Rome.

Nous avons commis une faute impardonnable, ſans doute, d'avoir paſſé de Cavaillon à Avignon ſans prendre le détour néceſſaire pour voir de nos propres yeux cette fontaine illuſtre & fameuſe,

Où ſi bien Pétrarque jadis
Peignit ſon amoureuſe flamme
Dans ces vers élégans, polis,
Qui font couler au fond de l'ame
Ce poiſon doux & ſéducteur,
Qui dans le ſein de notre auteur
Portait la trop puiſſante yvreſſe,
Quand de Laure il chantait la grace enchanteresse.

Le nom de cette fontaine eſt ſi connu que te le dire, ſeroit une injure. La nature s'eſt plû à créer dans ce lieu quelque choſe d'extraordinaire. Malgré notre déſir de voir les belles choſes, nous n'avons pas jugé à propos de ſacrifier une journée à cette curioſité. Suivant le dire des gens du pays, les eaux étoient trop baſſes alors pour que le ſpectacle fût tel qu'il doit être. D'ailleurs lorſque l'on a vû Terny & Tivoly, on a beaucoup de peine à ſe perſuader que l'on trouve ailleurs quelque choſe de comparable : n'y ſongeons plus.

Les cinq lieues d'Avignon à Orange ne ſont pas indifférentes ; elles nous ont couté ſix heures de marche & de grande fatigue par les inconvéniens ordinaires de ce pays, une bonne nuit nous a heureuſement retablis. Orange ne vaut pas la peine de nous arrêter, ainſi je te mène tout de ſuite à travers les hayes de grenadiers, le thim & la lavande, diner à Pierre-Latte, & coucher à la porte de Montelimart, où nous fumes ravis d'arriver pour nous mettre à l'abri d'un orage dont nous étions ſenſiblement menacés depuis plus de deux heures, & qui par l'évenement alla porter ailleurs ſon ravage. La compagnie, le ſouper, les lits, tout nous a donné une idée avantageuſe de cette petite Ville que cependant nous n'honorâmes point de notre viſite. Je ne t'en dirai rien en conſéquence ; nous la ſaluâmes à cinq heures du matin par un tems ſi frais, que nous ne pûmes douter que la tempête qui nous avoit épargnés, n'eut éclaté aux environs. Notre journée en fut d'autant plus supportable, les chemins même devenoient moins raboteux. Nous passâmes à gué la Drôme qui étoit paisible, & après avoir pris des forces nous & nos bêtes, dans le Village du même nom, nous avons cinglé vers Valence, non sans être ennuyés de n'appercevoir que des coteaux montagneux, mi roc, mi incultes, sans être pourtant roc véritable, qui bordent le Rhône des deux côtés. Le tonnerre & la pluie nous ont accueilli fort désagréablement à une demie lieue du lieu où nous devions faire halte, & nous ont conduits jusques aux portes de la Ville que nous n'avons point passées, à cause de la nuit & du mauvais tems.

Nous sommes partis le lendemain sans entrer dans Valence ; mais on ne perd pas beaucoup à ne pas voir ces petites Villes. En cotoyant le Rhône on apperçoit Tournon sur la rive opposée où le bâtiment considérable du Collége des soi-disants Jésuites fait un effet. De Thin on gagne le bourg de Saint-Vallier, où nous primes des forces pour être en état de nous rendre au village du Péage où le fracas épouvantable du tonnerre nous a fait paſſer preſque toute la nuit ſans fermer l'œil, nonobſtant le grand deſir que nous en avions, & ce, tandis que notre Valet-de-chambre, quoique baigné dans ſon lit par un fleuve qui deſcendoit d'une goutiere, ronfloit ſans la moindre interruption. O *fortunatos*.

Le ſpectacle déſagréable de la ſtérilité s'évanouit le lundi quinze Août, & fit place à celui de l'abondance. Notre Conducteur ne manqua pas de nous faire remarquer par delà le Rhône, les monticules précieux où croit le joli vin de Condrieux qui n'eſt pas peu fété dans le pays & ailleurs : cet article eſt toujours intéreſſant pour un cocher. Inſenſiblement, ou plutôt trop ſenſiblement pour nos reins & nos cervelles, nous avons gagné la ville de Vienne, ſur la route de laquelle nous avons vû avant, un monument, dont j'ignore la valeur : c'eſt une aiguille à quatre faces, de moyenne hauteur supportée par une voûte à quatre portiques, le tout de pierre : ouvrage ou des Romains ou bâti par d'autres. *Judicent Doctores.*

La fête de ce jour, *per la Madona rapita*, exigea de nous une station dans la dite ville de Vienne, à l'effet d'y entendre une messe qui nous fit perdre beaucoup de tems. Ce zèle dévot au reste nous procura la vue de l'église cathédrale qui est assez belle, quoique gothique, le portail n'est point surchargé d'ornemens, la nef est exhaussée, les piliers en sont légers, le Chœur est décoré par le mauzolée du Cardinal de la Vallette. La Ville n'a d'ailleurs rien de remarquable, & ne nous a pas fait tant de plaisir que nous en avons eu une demie heure après par la rencontre d'un nombre considérable de petites charettes légéres & taillées en forme de woursts qui voituroient rapidement.

Maintes villageoises gentilles,
Les unes femmes, d'autres filles,
Et pêle-mêle les galans
Bariolés en beaux rubans,

Menant tous la joyeuse vie,
Et d'une rauque mélodie,
Faisant retentir les échos :
Chaque couple assis dos à dos,
Aux passans montrait le visage,
Essuyoit son front en sueur,
Et du présent faisait usage
Pour mieux résister au labeur.

Ces équipages grotesques venoient d'un village voisin où la fête du Patron avoit enrichi les Cabaretiers & & les Ménétriers, ils regagnoient pour la plûpart le village de Saint Symphorien, où nous crûmes aussi devoir passer quelques instans utiles pour la conservation de nos individus.

La bonne chere que notre hôte nous fit, les écrévisses, les perdrix dont nous fûmes substantés, nous démontroient assez clairement la proximité d'une Ville considérable, & cette Ville étoit celle où nous désirions ardemment de nous voir de retour. A peine eûmes nous quitté notre auberge, que les magnifiques châteaux qui de ce côté précédent Lyon, étalérent à nos yeux leurs agrémens. Le fleuve orgueilleux qui en baigne le pied, jouoit le rôle de petite mer, le nombre de maisons de plaisance dont ces rivages sont couverts, annonçoit une grande population, & nous nous imaginions revoir une seconde fois la riche côte de Gênes. Notre satisfaction fut altérée par une pluie violente qui nous fit apréhender de ne pouvoir découvrir de loin la belle ville de Lyon; mais ce brouillard incommode heureusement se dissipa, le soleil voulut bien reparoître en notre faveur, & notre position élevée & dominante, nous mit à portée de plonger, tant sur les Isles fréquentes qui divisent & multiplient pour ainsi dire le Rhône, que sur le superbe coteau en amphithéâtre dont l'abbaye de Fourvieres occupe la cime; enfin vers les cinq heures du soir nous traversâmes le pont sans fin de la Guillottiére qui termine un fauxbourg aussi sans fin, & nous entrames triomphans, dans Lyon.

Je t'ai parlé, mon cher, dans ma premiere lettre des béautés de cette Ville florissante, il seroit inutile de répéter ici les mêmes choſes, je n'ai pû te donner une idée juſte du bâtiment vaſte qu'occupoient les ſoi-diſants Compagnons de Jéſus, & qui leur ſervoit de bibliothéque, je ne le peux point aujourd'hui d'avantage quant à l'intérieur attendu que les ſcellés ne ſont point encore levés de deſſus leurs effets, il faut s'en rapporter à la voix publique qui affirme que leur richeſſe typographique & littéraire eſt conſidérable. Quant à l'intérieur, le bâtiment eſt ſimple, & n'eſt recommandable que par l'emplacement étendu qu'il occupe.

Je crois ne t'avoir rien dit de la Chartreuſe de Lyon, peut-être ne l'a[illegible]-je point vue alors. Elle mérite d'occuper ici une petite place. Je plains ces bons Religieux là plus que partout ailleurs, d'être condamnés au ſilence, rien ne peut donner plus de deſir de converſer avec ſes ſemblables, que la poſition de leur monaſtère : placés ſur une colline élevée ils dominent ſur la Ville, & ſur le plat pays qui vers le Rhône s'étend, à perte de vue du côté gauche ; le côté droit leur préſente les coteaux qui s'élevent en amphithéâtre derriére la Saône, & ſont brillans par leur culture. Leurs bâtimens ſont d'une ſimplicité propre, convenable à leur état. La maiſon de Dieu, ſans être magnifique, eſt jolie & de bon gout, le morceau qui nous a frappés eſt le baldaquin poſé ſur le maitre autel, au milieu de la coupole. Deux colonnes de chaque côté ſoutiennent un entablement coupé en quart de cercle, qui laiſſe une overture en face de la nef & à la face oppoſée. Sur chacune extrémité de l'entablement s'éleve un ornement doré en forme d'*S*, qui ſe réuniſſant preſque avec ſes ſemblables, aide à ſoutenir une calotte de moyenne grandeur, toute revêtue d'un rideau blanc bordé d'une crépine d'or dont les quatre pans deſcendant négligemment le long de ces *S*, donnent beaucoup de grace à cette décoration. Ce rideau, ſuivant le récit des Religieux, eſt du beau génie de l'Artiſte célébre qui bâtit aujourd'hui l'Egliſe de la Patrone de la ville de Paris, & devenoit néceſſaire pour dérober à la vue les ferremens utiles dans ce baldaquin pour s'oppoſer à l'écartement des colonnes qui ne ſont d'ailleurs fixées que par leur propre poids.

Si je n'appréhendois de te ſcandaliſer, de cette maiſon ſainte, je te conduirois à la ſalle de la Comédie ; ſa conſtruction ajoute à la gloire du même Artiſte, la façon dont elle eſt décorée, procurent un vrai plaiſir. Nous y avons été ſpectateurs de la repréſentation de l'Opéra-Comique intitulé *le Bucheron*, dont l'exécution ſurpaſſa l'idée que nous nous en étions formé d'avance. L'Acteur principal avoit une portion des talens qui font briller à Paris le naturel & enjoué Cailleau.

Voilà tout ce que tu ſçauras de cette floriſſante Cité que tu verras peut-être quelque jour par tes yeux, & qui mérite qu'un Pariſien s'éloigne de cent lieues de ſes foyers, ayant ſurtout la certitude de pouvoir faire la route ſans inquiétude, ni pour ſa perſonne, ni pour ſes effets, ni pour ſa nourriture. Une voiture publique bien servie en tout point, débarrassé de toutes les peines & de tous les soins du voyage ; s'il en coute un peu cher au premier calcul, on convient par une plus mûre réflexion que la dépense n'est point exorbitante, & que l'on ne peut regréter un argent si bien employé. C'est dans cette machine flottante d'abord sur la Saone, puis remplacée par une roulante, que nous nous sommes embarqués le vendredi dix-neuf Août, pour regagner notre patrie, en fuiant cette Ville, consternée par le crime effroyable d'un frere qui pour ôter la vie à son ainé, à composé de sang froid, un instrument infernal qui contenant dans ses flancs huit livres de poudre à canon & deux pistolets disposés de façon à prendre feu au premier frottement produit par l'ouverture de la boëtte, a pensé faire périr une douzaine de personnes, brûler une maison entiere, & a déchiré la poitrine & une partie du corps de ce frere pour qui il nourissoit dans son cœur une haine criminelle.

Notre voyage de Lyon à Paris n'a rien eu de remarquable qui ſoit digne d'occuper les momens, ſinon la peinture d'une petite famille qui formoit une portion de la compagnie avec laquelle nous avons fait le trajet par eau de Lyon à Chalon.

Un pere entre deux âges, une mere plus fraiche, une fille âgée d'environ dix-huit ans, une de dix, une plus petite de quatre, & un enfant de ſix mois compoſoient ce ménage groteſque.

Le pere, homme d'aſſez bon ſens,
De baſſe phyſionomie,
Gagnait tout doucement ſa vie;
Banniſſait les ſoucis cuiſans,
A l'aide du jus de la treille:
Un violon, une bouteille,
Plus un vieux & rauque tambour,
Et quelque burleſque guenille
Lui fourniſſoient à chaque jour,
Ainſi qu'à ſa pauvre famille,
La nourriture & le grabat:
Peu curieux de ces talens d'éclat
Dont ſouvent l'ame eſt enyvrée,
Aux claquemens de la livrée

Bornant ſes modeſtes deſirs,
Par quelques tours de paſſepaſſe
Dont jamais peuple ne ſe laſſe,
Il lui procurait des plaiſirs.

Comme confreres en muſique nous fimes un peu connoiſſance, j'avois eu l'avantage de gagner ſon amitié ; il me comptoit, dans le tuiau de l'oreille, toutes ſes petites affaires ; il m'étaloit ſa façon de penſer philoſophique ſur le bonheur de la médiocrité : il parloit avec entouſiaſme de ſes deux filles les plus jeunes, qui répondant aux ſoins qu'il ſe donnoit pour leur éducation, montroient déjà des talens ſupérieurs dont il comptoit inceſſamment nous convaincre ; mais l'orgueil de ſa fille ainée lui cauſoit un chagrin mortel : élevée par une tante un peu à ſon aiſe qui lui avoit fait apprendre à chanter, ſentant d'ailleurs en elle un gout inné pour la déclamation qu'elle devoit ſans doute au ſang de famille qui circuloit dans ſes veines,

Cette créature orgueilleuſe
Couverte d'étoffe ſoyeuſe,

Regardoit d'un air dédaigneux
Comme un polisson, comme un gueux,
Celui dont elle tenait l'être;
Et rougissait de le connaître.
Elle se regardait déja
Comme une Actrice d'Opéra,
Ou tout au moins, de Comédie;
Son air, sa démarche hardie,
Son ton agaçant, & coquet,
Son œil, tout en elle annonçait
Une jongleuse de théâtre;
Il ne lui manquait que le plâtre,
Et puis provision d'appas;
Ce que la belle n'avait pas.

En revanche on ne la trouvoit point en defaut sur le chapitre de la charité, cette vertu favorable au prochain ne lui coutoit aucun effort. Monsieur son pere me dit confidemment que de tout tems il lui avoit reconnu un gout décidé pour le putanisme, & que s'étant convaincu que c'étoit en elle un penchant insurmontable, il croyoit inutile de la gèner, & l'abandonnoit à sa conduite personnelle; peut-on trouver un meilleur pere ! Cependant malgré ſon bon cœur & ſa complaiſance, il étoit déteſté de ſa fille parce qu'il prenoit quelque fois la liberté de lui donner des avis. La mere occupée à allaiter & nétoyer ſon poupon, ſe trouvoit ſouvent mélée dans la querelle; quoique ſage ſelon les apparences, elle appuioit impudemment ſa fille dans certains chefs, contre le mari; de là naiſſoit un colloque plaiſant où l'animoſité de part & d'autre découvroit des faits dont le recit nous donna maintes fois la Comédie. Nous eumes réellement obligation à ces bonnes gens d'avoir ainſi contribué ſans le vouloir, à nous faire paroître la navigation moins ennuieuſe. Le gaillard n'en fut pas la dupe, il n'étoit pas accoutumé à l'être, il donna ſur le tillac de notre petite galliote une repréſentation complette des farces & tours auxquels il avoit dreſſé ſes deux enfans, & ainſi fit une petite recolte de monoie qui le mit en état de payer ſon gite à Chalon où il comptoit ſéjourner, & préſenter au directeur de la troupe des Comédiens qui pour lors repré-ſentoient dans cette Ville, Mademoi-ſelle ſa fille qui ſans doute comp-toit d'avance ſur une petite fortune.

C'eſt là qu'il faut de la toilette
Connoître les puiſſans effets :
Facilement toute fille jeunette,
Qui ſçait animer ſes attraits,
Et réveiller la paillardiſe,
Dans la troùppe ſe voit admiſe.
Du Directeur le ſuffrage eſt certain
S'il croit gagner un pucelage ;
Le public ſiffle, mais envain,
La fille ſe fait à l'orage
Pourvu qu'elle ait un petit gain.
Bientôt par le détail, elle ſe dédommage
Avec le public ſi mutin,
Tête à tête, de chaque outrage ;
Et qui raillait l'Actrice, enrichit la Putain.

Nous laiſſâmes donc à Chalon cette famille fertile en talents de pluſieurs genres ; nous nous huchâmes le len-demain dans la diligence de terre qui nous a rendu ſains & ſaufs, le mardi vingt-trois Août, à cinq heures du ſoir, à la barriere dite des Go-belins par un vent & une pluie aſſez violente. La fin des tourmens de mon coccix fatigué outre mesure, & l'aspect de ma Ville natale, m'ont sans doute causé une douce émotion de plaisir, mais ne m'ont point empêché de regrétter sincerement, la pureté du Ciel & ce beau climat d'Italie, où nous avons passé l'été sans la moindre inconstance de température, & où l'on jouit sans trouble de la clarté brillante de ce superbe flambeau qui vivifie tout l'Univers.

S'il est un motif légitime qui ait le droit d'affoiblir dans l'esprit les charmes attrayans de ces riches Contrées, c'est toi, divine amitié,

Toi qui pendant une si longue absence
Livrée à de cruels ennuis,
Ne passes les momens des plus tranquilles nuits
Qu'à t'effrayer dans le silence.
Toi, qui rivale de l'amour,
Et dont bien plus douce est la chaîne,
Vois ton tendre cœur à la gêne,
Attendre ce fortuné jour,
Où de l'ami la présence imprévue,
Echauffe l'ame, la remue,
Et produit ces embrassemens,
Faibles témoins des sentimens.

Qui mieux que toi, mon cher ami, connoit ce qui peut manquer à cette peinture ? qui plus que toi, peut me faire gouter le bonheur d'être rendu à ma Patrie & d'y passer des jours serains filés par les solides & inestimables plaisirs ?

Je laisse maintenant à d'autres à courir & la terre & la mer, s'ils ont le desir louable de connoître par eux-mêmes un si grand nombre de chefs d'œuvres dont la célébrité s'étend dans tout l'Univers instruit. Trop flatté si mon exemple peut encourager ceux qui n'étant incités que par un motif de plaisir, sont effrayés par des dangers imaginaires, & n'osent franchir le premier pas. Celui là une fois fait, je leur reponds du reste.

Dimidium facti, qui benè cœpit, habet.

FIN.

www.ingramcontent.com/pod-product-compliance
Ingram Content Group UK Ltd.
Pitfield, Milton Keynes, MK11 3LW, UK
UKHW021129260726
13994UKWH00001B/68

9 782329 387543